열네 살의
정의로운
사전

정의가 뭐냐고 물으신다면?

열네 살의
정의로운
사전

박일환 지음

청어람e)))

차례

정의롭고 아름다운 세상을 꿈꾸며

사람은 누구나 아름다운 세상, 정의로운 나라에서 살아가기를 바랄 거예요. 불의와 폭력이 날뛰는 세상을 바라는 사람은 아무도 없을 테니까요. 그럼에도 우리가 사는 세상은 여전히 불완전하면서 복잡합니다. 자연의 질서는 조화롭고 어긋남이 없지만 인간이 만든 세상의 질서는 혼란스럽고 변화가 심한 편이지요. 그러다 보니 온갖 모순에 따른 갈등이 발생하고 때로는 폭력과 전쟁이 인간성을 파괴하는 비극을 불러오기도 합니다. 그렇다고 해서 세상을 벗어나 살 수는 없는 일이니, 가능하면 우리가 사는 세상을 지금보다는 더 나은 곳으로 만들기 위해 노력하면서 살아갈 수밖에 없습니다. 지금까지 수많은 사람들이 정의와 평화, 평등이 실현되는 세상을 만들기 위해 노력해 오기도 했고요. 그래도 아직 갈 길이 멀긴 합니다.

　세상을 바꾸려면 먼저 우리가 사는 세상이 어떤 모습을 하고 있으며, 어떤 과정을 거쳐 변화해 왔는지 알아야 할 거예요. 그러다 보면 중요한 용어와 개념 들을 마주치게 될 텐데요. 그 용어들 속에 인류가 지금껏 고민해 온 내용들이 담겨 있습니다. 그래서 자유나 평등 같은 말들이 역사적 맥락 속에서 어떻게 만들어지고 사용되어 왔는지 알게 되면, 앞으로 우리가 그 말 속에 담긴 정신을 어떻게 실현해야 할까 하는 과제를 생각하지 않을 수 없겠지요. 이해하고 아는 것만으로는 아무것도 바꾸어내지 못해요. 앎이 실천과 연결될 때만 변화의 싹을 틔울 수 있습니다.

이 책 속에는 모두 30개의 용어가 담겨 있습니다. 하나하나 깊이 들어가서 탐구하자면 용어 하나에 책 한 권이 필요하겠지만, 최대한 압축해서 핵심 내용을 이해할 수 있도록 했습니다. 고전적인 용어부터 현대 사회에 접어들면서 새롭게 생겨난 용어들도 함께 실었고요. 동물권이라든지 정보혁명, 생명윤리 같은 용어들이 그렇습니다. 환경 파괴 문제가 인류의 미래를 좌우할 정도로 점점 심각해지고 있다는 얘기가 나온 지도 오래되었지요. 그만큼 우리 사회가 과거에 비해 더욱 복잡해졌다는 걸 알 수 있습니다. 이런 현상들을 어떻게 받아들이고 대처해야 할지 아직 충분한 사회적 합의가 이루어지지 않아 혼란스러운 경우도 많고요.

복잡하고 어렵다고 해서 생각하기를 그만둔다면 어떻게 될까요? 세상은 점점 내가 알지도 못하고, 내 의지와 상관없이 제멋대로 흘러가고 말 겁니다. 과거의 역사와 함께 현재의 문제를 고민하고 다가올 미래의 모습을 그려보는 것은 매우 중요한 일입니다. 그 모든 문제가 내 삶에 직접 영향을 미치기 때문이지요. 이 책에 실린 용어들의 뜻을 따라가며 제대로 된 고민의 방향을 찾을 수 있으면 좋겠습니다. 그리고 그 모든 고민의 중심에 인간의 존엄성과 정의로운 세상의 모습이 놓일 수 있기를 바랍니다.

이 책을 읽다 보면 사회와 역사를 이해하는 눈을 기를 수 있을 뿐만 아니라 논리적 사고력 또한 키울 수 있을 거예요. 개념을 따라가다 보면 우리가 일상적으로 사용하는 용법이 아니라 개념이 형성되는 과정과 다양한 논점을 만날 수 있기 때문입니다. 그래서 개념에 대한 지식만 머릿속에 넣기보다 스스로 생각하고 판단해가며 읽기를 바랍니다. 세상에는 옳고 그름이 명확한 것도 있지만, 바라보는 관점에 따라 다르게 해석할 수 있는 경우도 많으니까요. 같은 개념이라도 시대에 따라 쓰임새가 달라지기도 하고요.

책을 통해 세상을 만나는 기쁨을 누릴 수 있기를 바라며, 청소년 여러분의 생각을 넓히는 데 이 책이 조금이라도 도움이 될 수 있다면 기쁘겠습니다.

박일환 씀

1

자유

자유가 인간의 가장 기본적인 권리라고 할 때,
앞으로도 자유의 영역은 점점 넓어져야 한다.
인간의 역사를 보면 자유가 확장되는 방향으로
흘러 왔다는 걸 알 수 있다.
특히 근대사회로 오면서 개인의 자유에 대한
개념과 인식이 넓어지기 시작했다.

【 자유 】

　사람은 모두 자유롭게 살아가길 원해요. 누구에게도 간섭받지 않고 자신이 하고 싶은 걸 하면서 살고 싶어 하죠. 하지만 그게 마음대로 안 될 때가 너무 많아요. 세상에는 지켜야 할 수많은 규칙이 있고, 그걸 어겼다가는 불이익이 돌아오니까요. 여러분도 "나에게 더 많은 자유를!" 이렇게 외치고 싶을 때가 많을 거예요. 학교 갈 때 교복 대신 사복을 입고 싶고, 여학생 같으면 화장도 마음대로 하고 싶고, 학원을 다니기 싫으면 언제든지 그만둘 수 있는 자유! 이런 자유를 모두 누릴 수 있다면 얼마나 행복할까요?

　자유가 뭐든지 자신이 하고 싶은 대로 하는 걸 뜻하는 게 아니라는 건 누구나 다 알아요. 나의 자유와 상대방의 자유가 충돌할 때가 많거든요. 성적을 잘 받고 싶다고 해서 시험시간에 교과서를 꺼내 놓고 볼 수는 없잖아요. 만일 그런 학생이 있다면 교사가 못 하게 제지를 할 거예요. 그게 교사의 할 일이니까요. 이런 경우를 들자면 수도 없이 많겠지요. 개인의 자유는 어느 정도 제한을 받을 수밖에 없고, 그건 인간이 사회를 이루고 그 안에서 살아갈 수밖에 없는 존재이기 때문이죠. 내가 아닌 타인을 배려하고 존중하는 가운데 서로 조정하고 타협하지 않으면 사회가 무너지고 말 테니까요.

자유가 아니면 죽음을 달라!

자유가 인간의 가장 기본적인 권리라고 할 때, 앞으로도 자유의 영역은 점점 넓어져야 해요. 인간의 역사를 보면 자유가 확장되는 방향으로 흘러 왔다는 걸 알 수 있어요. 고대사회에서 노예들에게는 자유가 없었죠. 서양에서 근대 시민혁명이 일어나기 전까지 신분이 낮은 사람들에게는 항상 자유의 제약이 따르곤 했어요. 물론 동양도 마찬가지였고요. 개인에 대한 자유를 억누르는 것뿐만 아니라 강대국이 약한 민족이나 국가를 억압하는 일도 많았어요. 우리가 일본에게 나라를 빼앗겼을 때 우리 민족 구성원들의 자유도 함께 빼앗긴 게 그런 경우라고 할 수 있겠네요.

자유와 관련해서 많은 사람들이 인용하는 유명한 말이 있어요. "나에게 자유가 아니면 죽음을 달라!" 이렇게 외친 건 패트릭 헨리라는 미국 사람이었어요. 신세계를 찾아 아메리카 대륙으로 건너간 백인들이 처음부터 미국이라는 나라를 세운 건 아니에요. 초기에는 영국의 지배를 받아야 하는 식민지 상태였죠. 그러다 보니 영국 정부에 대한 불만

자유가 아니면 죽음을 달라! 버지니아 식민지 협의회에서 연설하는 패트릭 헨리.

이 쌓이고 자신들만의 자유로운 국가를 세우고 싶다는 열망이 생겨나기 시작했어요. 패트릭 헨리의 저 유명한 말은 미국이 독립을 선언하기 1년 2개월 전에 행한 연설의 한 대목이에요. 그 후에 영국 정부에 맞서 독립전쟁을 치르기 시작했고, 마침내 독립국가를 이루게 되죠. 자유와 죽음을 맞바꾸겠다는 굳센 의지가 있었기 때문에 가능했을 거예요. 그만큼 자유가 소중하다는 걸 일깨우는 동시에 자유란 저절로 주어지는 게 아니라는 사실을 확인시켜 주는 말이기도 하지요.

결혼도 마음대로 할 수 없었다고?

앞서 말한 대로 근대사회로 오면서

개인의 자유에 대한 개념과 인식이 넓어지기 시작했어요. 그러면서 사회 안에서 개인의 자유로운 행위의 범위를 어디까지 설정할 것이냐 하는 문제를 두고 많은 논쟁이 벌어졌지요. 그런 논쟁은 지금도 계속되고 있고요. 예전에는 동성동본, 즉 같은 성씨를 가진 사람들끼리는 결혼할 수 없었어요. 법으로 금지했으니까요. 사랑하는 이들끼리 같은 성을 쓴다고 해서 결혼을 하지 못하게 막는 건 개인의 자유와 행복을 빼앗는 일이잖아요? 이런 문제 제기가 계속 이어졌고, 결국 법이 폐지되면서 지금은 같은 성을 쓰는 사람들끼리 자유롭게 결혼할 수 있게 됐어요. 그렇게 된 게 2005년이니까 그리 오래전 일도 아니었군요.

법 말고도 개인의 자유를
제한하는 게 있다면서?

　　　　　　　　　개인의 자유를 제약하는 건 전통으로 내려오는 여러 관습과 도덕, 그리고 법률로 정해진 사항들인데요. 관습과 도덕은 사회가, 법률은 국가가 강제하는 셈이죠. 법률의 힘이 센 것 같지만 관습과 도덕이 강제하는 힘도 상당해요. 가령 남자가 치마를 입고 다닌다고 생각해 봅시다. 어떤 옷을 입고 다니든 그건 내 자유잖아요. 그래서 남자가 치마를 입고 다닌다는 이유로 국가가 개인을 감옥에 가두지는 않아요. 하지만 치마는 여자가 입는 옷이라는 전통적인 관념이 강한 탓에 선뜻 치마를 입고 다니겠다고 나서는 남자들을 찾아 보기 힘들어요. 속된 말로 미쳤다는 소리를 들을 게 뻔하니까요. 그런 비난을 감수할 수 있는 용기를 지닌 남자들만 치마를 입고 다닐 수 있을 거예요. 하지만 언젠가는 남자들도 자유롭게 치마를 입고 다니는 시대가 올지도 몰라요. 예전에는 남자가 귀걸이를 하거나 화장을 하고 다니면 손가락질을 당했지만 지금은 그런 게 아무렇지도 않은 일이 됐으니까요.

관습과 도덕에 비해 법률이 가하는 제약은 직접적인 형태로 나타나요. 법률을 어기면 벌금을 물거나 감옥에 가야 하니까요. 남의 물건을 제 것처럼 가져다 마음대로 사용하면 절도죄로, 상대방이 마음에 안 든다고 때리면 폭행죄로 잡혀가잖아요. 길도 자기가 다니고 싶은 대로 아무 데로나 자유롭게 다니면 안 돼요. 인도가 좁다고 차도로 걸어가면 당장 도로교통방해죄가 기다리고 있거든요. 이렇게 법률은 많은 영역에서 개인의 자유를 가로막거나 제한하고 있어요. 법률이 사회를 유지하는 데 꼭 필요하기는 하지만 모든 영역에서 개인의 자유를 제한하도록 하는 건 문제가 있어요. 그래서 자유의 제한과 함께 자유의 허용 범위를 명확히 정하는 게 필요해요. 이럴 때 가장 우선하는 게 헌법이에요. 우리나라 헌법에서는 개인이 누려야 할 자유를 항목별로 잘 정리해 놓았어요.

헌법은 자유를 지키는 최후의 보루

그렇다면 헌법이 보장하고 있는 자유에는 어떤 것들이 있을까요?

헌법 제12조 제1항은 "모든 국민은 신체의 자유를 가진다."라고 돼 있어요. 이어서 누구든지 법률에 의하지 아니하고는 체포·구속·압수·수색 또는 심문을 받지 아니할 자유와 고문을 받지 아니할 자유도 규정해 두었고요. 개인의 몸을 국가가 함부로 다루지 못하도록 한 거죠. 학교에서 체벌을 못 하도록 한 것도 이런 헌법 정신을 살린 거라고 볼 수 있을 거예요.

헌법에 실린 조항들을 살펴 보면 다음과 같아요.

제14조 모든 국민은 거주·이전의 자유를 가진다.
제15조 모든 국민은 직업선택의 자유를 가진다.
제16조 모든 국민은 주거의 자유를 침해받지 아니한다.
제17조 모든 국민은 사생활의 비밀과 자유를 침해받지 아니한다.
제18조 모든 국민은 통신의 비밀을 침해받지 아니한다.
제19조 모든 국민은 양심의 자유를 가진다.
제20조 ①모든 국민은 종교의 자유를 가진다.
제21조 ①모든 국민은 언론·출판의 자유와 집회·결사의 자유를 가진다.
제22조 ①모든 국민은 학문과 예술의 자유를 가진다.

여기서 한 가지 짚어 볼 건 혹시라도 자유와 관련해서 헌법에 나와 있지 않은 내용이 있다면 어떻게 할 것인가 하는 점인데요. 그 점에 대해서는 제37조 제1항에서 "국민의 자유와 권리는 헌법에 열거되지 아니한 이유로 경시되지 아니한다."고 해 놓았어요. 그리고 부득이 제한하는 경우에도 자유와 권리의 본질적인 내용을 침해할 수 없다고 했고요.

만일 여러분의 자유가 부당하게 억압당한다면 어떻게 해야 할까요? 그렇다면 헌법 조항들을 떠올려 보세요. 그런 다음 당당하게 자신의 목소리를 내 보세요. 함께 목소리를 낼 사람을 찾아 보는 것도 좋겠죠. 개인의 자유는 다른 사람이 가져다 주는 게 아니고 스스로 만들고 지키는 거니까요.

생각해 보기

1. 우리 학교 교칙 중 지나치게 학생들의 자유를 억압하고 있다고 생각하는 규정은 무엇일까요?

2. 부득이 개인의 자유를 제한해야 할 필요가 있을 때 어떤 절차와 과정을 거쳐야 할까요?

3. 개인의 자유가 침해당했다고 판단될 때 어떤 방법으로 자유를 되찾으면 좋을까요?

2

평등

모든 국민은 법 앞에 평등하다.
누구든지 성별·종교 또는 사회적 신분에 의하여
정치적·경제적·사회적·문화적 생활의
모든 영역에 있어서 차별을 받지 아니한다.

【 평등 】

차별받지 않을 권리가 평등이다!!

사람은 누구나 평등하다! 많이 들어 본 말이죠? 이 말에 대해 틀렸다고 말할 사람이 있을까요? 교실에서 공부 잘하는 학생은 앞줄에 앉히고 공부 못하는 학생은 뒷줄에 앉힌다면 화가 날 거예요. 회사에서 신입사원을 채용할 때 외모를 따지거나 일부러 남자만 혹은 여자만 뽑아도 안 돼요. 우리나라 헌법 제11조 제1항은 "모든 국민은 법 앞에 평등하다. 누구든지 성별·종교 또는 사회적 신분에 의하여 정치적·경제적·사회적·문화적 생활의 모든 영역에 있어서 차별을 받지 아니한다."라고 되어 있거든요. 아래 기사가 그런 사실을 분명히 보여 주고 있어요.

인권위는 부산 지역 A신문 대표에게 직원 채용 시 혼인 여부 및 신체 조건 등을 이유로 한 차별행위를 하지 않도록 재발 방지 대책을 수립할 것을 권고했다고 10일 밝혔다. … 인권위는 "합리적인 이유 없이 용모 등 신체 조건이나 혼인 여부 등을 이유로 고용 등과 관련해 특정한 사람을 우대, 배제, 구별하거나 불리하게 대우하는 행위는 국가인권위원회법상 평등권 침해의 차별"이라고 강조했다.

-〈뉴시스〉 2017년 5월 10일 자

과거에는 신분에 의한 차별이 심했어요. 그래서 양반이 아니면 과거 시험을 볼 기회조차 주지 않았지요. 평민이나 노비 중에는 똑똑한 머리를 타고 난 사람이 없었을까요? 단지 교육받을 기회가 없었을 뿐, 그들도 공부할 기회가 주어지면 얼마든지 양반 출신들 못지않게 공부를 잘했을지도 몰라요. 우리나라 역사에서 "왕후장상의 씨가 따로 있겠느냐!"라고 외친 사람이 있어요. 혹시 누가 그런 말을 했는지 들어 본 기억이 있나요? 고려 때 노비 출신인 만적이라는 사람이 반란을 일으키면서 했던 말인데요. 왕이나 높은 신분에 오를 수 있는 사람이 태어날 때부터 정해져 있는 게 아니라는 선언이었어요. 지금은 그런 신분제도가 사라졌기 때문에 상고 출신인 김대중 대통령과 노무현 대통령이 나올 수 있던 거예요. 반대로 모든 국민은 법 앞에 평등하기 때문에 대통령이라도 법을 어기면 감옥에 가야 하는 거고, 실제로 그런 상황을 우리 모두 보았잖아요.

기회의 평등만으로는 너무 부족해!!

　　　　　　　　　　정치적인 측면에서만 보면 우리 사회가 많은 부분에서 평등사회를 이루고 있는 건 맞아요. 대한민국 국민이라면 누구나 일정한 나이가 됐을 때 투표에 참여할 권리가 있잖아요. 부자라고 해서 두 표, 세 표를 행사하는 게 아니라 공평하게 딱 한 표씩만 행사할 수 있어요. 마음만 먹으면 누구든 선거에 출마할 수도 있고요. 모든 국민이 똑같은 권리를 행사할 수 있고, 똑같은 기회가 주어진다는 얘기인데요. 이런 걸 기회의 평등이라고 해요. 고등학교 졸업 학력만 있으면 누구나 대입 수능시험을 치를 수 있잖아요. 공부를 못하거나 얼굴이 못생겼다고 응시자격을 뺏지는 않아요.

　그런데 기회의 평등만 잘 지켜지면 정말로 모든 사람이 평등한 사회가 될 수 있을까요? 이런 걸 생각해 봅시다. 강남 지역 고등학교 출신 학생들과 시골 고등학교 출신 학생들 중에서 누가 서울대학교에 많이 들어갈까요? 강남 지역 출신 학생들이 훨씬 많이 들어가잖아요. 강남 출신 학생들에게 시험시간을 더 많이 주는 것도 아니고, 시골이라고 해서 유난히 머리 나쁜 학생들만 사는 건 아닐 텐데 왜 이런 현상이 발생하는 걸까요? 요즘 유행하는 금수저 출신이냐 흙수저 출신이냐 하는 말이 그냥 나온 말은 아닐 거예요. 어릴 때부터 각종 사교육을 받은 학생과 그렇지 못한 학생 사이에 성적 차이가 나는 건 당연할 수밖에 없는 거죠. 결국 부모를 잘 만나야 출세하고 성공할 확률이 높다는 얘기잖아요. "그러니까 너도 열심히 공부하면 되잖아."라고 하는 말이 가난해서 학원도 못 가는 친구에게는 어떻게 다가갈까를 생각해 보세요.

문제는 경제적 불평등이야

기회의 평등만 가지고 부족하다면 어떻게 해야 할까요? 개인에게 주어진 조건이 다르면 결과도 다르잖아요. 이런 조건의 불평등을 해결해 주는 제도나 장치가 필요할 거예요. 이 문제는 경제적 평등이라는 문제와 연결지어 생각해 봐야 해요. 앞서 말했듯이 우리나라가 정치적 평등은 웬만큼 이루었지만 경제적 평등이라는 측면에서는 아직 부족한 점이 많아요. 직업에 따른 소득의 차이도 많고, 그 결과 빈부 격차가 상당히 심한 편이죠. 그래서 경제적 불평등이라는 말이 나오는 거예요.

유럽에 비해 우리나라는 직업에 대한 차별이 심해요. 대학교수나 의사, 혹은 판사나 검사 같은 직업에 종사하는 사람들을 훌륭하게 보는 경향이 있잖아요. 반면에 공장에서 일하거나 환경미화원, 식당 종업원 같은 사람들은 낮추어 보곤 하죠. 똑같은 시간을 일해도 지급받는 임금은 무척 많은 차이가 나요. 그게 당연한 걸까요? 유럽의 여러 국가에서는 차이가 있다 해도 우리처럼 심하지 않아요. 그래서 유럽에서는 대학 진학률이 그다지 높지 않아요. 고등학교만 졸업하고 기술자로 일해도 전문직에 종사하는 사람들이 받는 임금과 그다지 많은 차이가 나지 않거든요. 우리나라에서 유난히 대학 진학에 목을 매는 이유는 직업에 따른 임금 격차가 크기 때문이라고 할 수 있어요.

결과의 평등을 위해 어떻게 해야 하나?

여기서 기회의 평등과 함께 결과의 평등이 중요하다는 얘기가 나오게 돼요. 누구나 똑같은 조건을 갖고 태어나는 건 아니잖아요. 집안 환경이나 신체 조건이 다른 건 스스로 노력한다고 되는 게 아니에요. 따라서 좋은 조건을 타고난 사람과 그렇지 못한 사람은 애초에 출발선이 다를 수밖에 없어요. 이런 한계를 보완해 주고, 조건의 불평등을 완화시켜 줄 필요가 있다는 거죠. 결과의 평등을 위해 국가에서는 여러 가지 방법을 동원하곤 해요. 그런 예를 몇 가지 들어 볼까요?

우선 대학 입학에 있어 농촌이나 어촌 지역 학생들을 지역 균형 선발이라는 이름으로 우선 선발하는 걸 생각해 보면 돼요. 말 그대로 도시와 지역의 균형을 이루기 위한 제도예요. 그래야 학교 교육은 충실히 받았지만 사교육 혜택에서 제외된 지역의 학생들도 원하는 대학에 갈 수 있잖아요. 기업체나 국가기관에서 장애인들을 우선 채용하거나 일정 비율에 맞춰 의무 선발하도록 하는 것도 마찬가지예요. 이런 제도를 두고 공정하지 못하다고 할 수도 있을 텐데요. 달리기 시합을 할 때 공정하게 한다고 해서 어른과 아이가 나란히 서서 출발하도록 하면 결과는 어떻게 될까요? 이거야말로 불공정하다고 할 수 있지 않을까요? 이런 점만 봐도 조건의 차이를 무시하고 기회의 평등만 강조하는 건 문제가 있다는 걸 알 수 있어요.

결과의 평등을 실질적 평등이라고도 하는데요. 이런 실질적 평등이

비정규직 철폐를 요구하는 집회 모습

이루어지지 않는 경우가 많아요. 똑같은 업무에 종사해도 정규직과 비정규직의 임금은 차이가 많이 나잖아요. 비정규직은 승진도 어렵고요. 이런 게 차별이라는 건 대부분 알고 있고, 그래서 국가가 나서서 비정규직을 없애거나 줄이려고 노력하는 거예요. 하지만 여전히 차별을 통해서 이익을 얻고자 하는 집단이 있기 때문에 해결이 잘 안 되고 있어요. 기업이 비정규직을 많이 채용하는 건 그래야 임금이 적게 들고, 그 결과 자신들의 이익이 늘어나기 때문이죠. 그러다 보니 비정규직 노동자들이 자신들의 권리를 찾기 위해 시위나 농성을 하게 되고, 그로 인한 사회적 갈등 비용이 많이 들어가는 거예요. 사회 전체적으로는 손해를 보는 셈이죠.

평등의 지평을 넓혀야 한다

호주에 가서 건설노동자로 일하다 온 사람이 있어요. 그 사람이 놀란 게 기술자와 보조 기술자의 임금이 똑같더라는 거예요. 우리 시각으로는 기술자가 더 많은 임금을 받는 게 당연하지만 그쪽 사람들의 생각은 달랐어요. 기술자는 기술이 있기 때문에 육체적 힘이 덜 들지만 옆에서 기술자를 도와 주는 사람은 무거운 자재를 날라주거나 힘든 일을 도맡아 하기 때문에 같은 임금을 주는 게 당연하다는 거예요. 이런 게 결과의 평등이라고 할 수 있지 않을까요?

모든 사람은 왜 평등해야 하는가 하는 질문에 대해서는 대부분 같은 대답을 해요. 인간은 모두 고귀한 존재이고, 차별받는 걸 좋아하는 사람은 없으니까요. 하지만 무엇을 어떻게 평등하게 해야 하는가 하는 질문에 대해서는 일치된 답을 찾기가 어려워요. 정해진 공식이나 정답이 없기 때문인데, 그럴수록 공통분모를 찾아서 사회적 합의를 이루기 위한 노력이 필요해요. 방법이 없는 게 아니라 방법을 찾으려는 노력이 부족할 때가 많다는 걸 인정하고, 꾸준히 평등의 지평을 넓혀가야 해요.

생각해 보기

1. 주변에서 불평등한 사례나 차별을 목격한 게 있다면 어떤 게 있을까요?

2. 우리나라에서 경제적 불평등을 바로잡기 위한 정책을 편다면 가장 시급한 게 무엇일까요?

3. 직장이나 군대, 그리고 학교에는 지시를 내리는 사람과 지시를 받는 사람이 있습니다. 이런 관계 속에서 평등은 어느 선까지 가능할까요?

3

정의

모든 이에게 자유를 완벽하게 누릴 수 있도록
해야 한다는 것이 정의의 첫째 원칙이고,
가장 빈곤한 사람들의 복지에 대하여
우선적으로 배려해야 한다는 것이
정의의 둘째 원칙이다.

-존 롤스

【 정의 】

드라마나 영화 같은 데서 "정의의 이름으로 너를 처단한다."와 같은 대사가 나오는 걸 들어 본 적이 있을 거예요. 만일 덩치 큰 친구가 약한 친구를 괴롭힐 때 누군가 나서서 "그건 정의롭지 못한 행동이야."라고 외친다면 얼마나 멋질까요? 이렇게 잘못된 행동을 응징하거나 바로잡아 줄 때 정의라는 말을 자주 써요. 그런데 정의는 정말 그런 뜻으로만 쓰는 말일까요?

'정의봉'으로 김구 살해범을 응징하다

1996년 10월 23일 오전, 인천의 한 아파트에서 살인 사건이 일어났어요. 박기서라는 사람이 안두희라는 사람을 몽둥이로 때려서 죽게 만든 사건인데요. 특이하게도 살인에 사용된 몽둥이에는 '정의봉'이라는 글자가 적혀 있었대요. 정의를 실현하기 위해 살인을 저질렀다는 게 박기서 씨의 주장이었지요. 박기서 씨가 보기에 안두희라는 사람은 정의에 어긋나는 행동을 했고, 그래서 악을 응징한다는 차원에서 살인이라는 극단적인 행동을 했다는 거예요.

안두희는 어떤 사람이기에 그랬을까요? 1949년 6월 26일에 육군 소위였던 안두희는 독립운동가이자 민족지도자인 백범 김구 선생을 권총으로 암살했어요. 체포된 안두희는 살인죄로 재판을 받고 감옥에 갔지만 1950년에 일어난 6·25 전쟁 때 형 집행정지로 풀려난 다음 다시 군인으로 복귀했어요. 겨우 1년 정도 형을 살고 나왔을 뿐이어서, 김구 암살을 지시한 배후 세력이 안두희를 보살펴 주는 게 아니냐는 의심이 제기되었지요. 하지만 안두희는 자신의 단독 범행이었다며 끝내 진실을 밝히지 않았어요. 그리고 제대 후 군대에 물자를 납품하는 사업을 하며 잘 살았어요. 그렇게 수십 년의 세월이 지난 뒤 박기서의 정의봉에 맞아 숨지게 된 거죠.

박기서 씨가 몽둥이에 '정의봉'이라는 글씨를 새긴 건, 정의란 악을 응징해서 바로잡는 것이라고 생각했기 때문이란 걸 알 수 있어요. 정의에 대한 이런 판단은 매우 분명하고 간단해 보이지만 자세히 들여다 보면 그게 그리 쉬운 일은 아니에요. 우선 악이란 게 무엇인지부터 따져 봐야 하고, 정의를 실현하기 위한 방법은 어떠해야 하는지도 살펴야 하기 때문이죠. 악한 일이나 불의를 저지른 사람을 잡아들여 감옥에 가두면 정의가 실현되는 걸까요? 처벌 위주가 아니라 애초에 악이나 불의를 저지를 수 없는 사회구조를 만들어야 하는 게 아닐까요? 이런 의문들을 가져 볼 수도 있을 거예요.

정의는 공정한 분배다?

~~~~~~~~~~

예로부터 많은 학자들이 이런 문제에 대해 고민하고 자신들의 생각을 정리해서 내 놓았어요. 몇 가지 대표적인 견해를 알아 보도록 합시다.

고대 그리스의 철학자 아리스토텔레스는 정의를 추구하는 이유에 대해 좋은 사회를 만들기 위해서라고 했어요. 좋은 사회란 부(富)와 같은 물질적 가치나 명예와 같은 정신적 가치를 공정하게 나눠주는 사회라는 거죠. 여기서 '공정하게'라는 말을 '무조건 똑같이'라고 이해하면 안 돼요. 아리스토텔레스는 모두에게 똑같이 나눠줘야 할 때도 있지만 상황과 처지에 따라 다르게 나눠줄 수도 있어야 한다고 했거든요. 동일한 분배와 차등을 둔 분배로 구분할 수 있겠네요. 똑같은 시간에 똑같은 일을 하면 똑같은 임금을 받는 건 당연하겠죠. 두 사람이 똑같은 잘못을 저질렀을 때 두 사람에게 똑같은 벌을 주는 것도 마찬가지일 테고요. 이게 동일한 분배예요. 하지만 똑같은 시간에 똑같은 문제로 시험을 봤다고 해서, 시험을 본 모든 학생들에게 만점을 주거나 합격을 시킨다면 불합리하잖아요. 이럴 때는 성적에 따라 차등을 두어 대우를 해 주어야 해요. 그게 공정하다는 거죠. 아리스토텔레스는 이런 말도 했어요. 좋은 악기가 하나 있다고 합시다. 이때 악기를 잘 다룰 줄 아

한 손에는 칼, 다른 한 손에는 저울을 들고 있는 정의의 여신상

는 사람과 그렇지 못한 사람이 있다면 악기를 잘 다루는 사람에게 악기를 주어야 한다고 했어요. 악기는 좋은 소리를 내는 게 존재 이유이므로 악기를 잘 다룰 줄 아는 사람이 좋은 악기를 가지는 게 바람직하다는 거죠.

현대 사상가인 롤스라는 학자 역시 비슷한 말을 했어요. 어느 사회든지 부자와 가난한 사람이 있고, 강자와 약자가 있기 마련이잖아요. 그런 조건을 무시하고 무조건 똑같은 기준을 정해 놓고 대우하면 어떤 일이 벌어질까요? 그렇게 되면 강자와 가진 자에게만 항상 유리한 사회가 될 거예요. 그래서 롤스는 약자에게 유리한 기회를 제공하고 배려하는 게 공정한 사회를 만드는 길이라는 주장을 펼쳤어요. 그러기 위해서는 다양한 사회적 제도와 절차를 만들어야 한다고도 했죠. 저소득층에게 기초생활비를 지원하는 것, 대중 교통시설에 노약자 보호석을 만드는 것 등이 그런 예가 될 수 있을 거예요. 그게 합리적이면서 사회 계층 간의 충돌을 줄이고 골고루 행복을 누리며 사는 사회를 만드는 방법이라는 거죠.

정의를 바라보는 시각은 엄청 다양해

정의에 대해 이야기할 때는 보통 세 가지 차원에서 접근해요.

첫 번째는 분배 차원의 정의예요. 어떻게 나누어 갖도록 하는 게 공정하냐를 묻는 거죠. 앞에서 말한 것처럼 똑같이 주는 방법이 있고, 차등을 두어 주는 방법이 있어요. 어떤 것들을 예로 들 수 있을까요? 일정한 나이가 되면 남녀나 신분을 구분하지 않고 투표에 참여할 수 있는 선거권과 선거에 나설 수 있는 피선거권을 주는 것, 반면에 부자에게는 세금을 더 걷고 가난한 사람에게는 세금을 줄여 주는 것 등이 정의에 맞는 정책이라고 할 수 있어요.

두 번째는 교정 차원의 정의로, 교정은 잘못된 것을 바로잡는 걸 말해요. 죄를 짓거나 남에게 피해를 입혔을 때 정당한 방법으로 그에 맞는 벌을 받도록 하거나 피해 보상을 하도록 하는 게 맞잖아요. '유전무죄 무전유죄'라는 말을 들어 봤을 거예요. 돈이 있으면 무죄, 돈이 없으면 유죄라는 뜻인데요. 정의가 제대로 작동하지 않고 있음을 보여 주는 사례라고 할 수 있겠네요. 따라서 법을 집행할 때는 형평성을 잃지 말아야 해요. 학교에서 여러 명이 같은 잘못을 저질렀는데, 한 명은 부모가 학교운영위원회 임원이라서 봐 주거나 가벼운 벌을 주고, 다른 학생에게는 무거운 벌을 준다면 아무도 납득할 수 없을 거예요.

　세 번째는 절차 차원의 정의예요. 잘못을 저질러서 그에 따른 처벌을 한다고 해도 공정한 절차에 따라 진행을 해야 한다는 거죠. 두 사람 사이에 다툼이 있었는데 한쪽 사람 말만 듣고 잘잘못을 가리려 한다면 공정하지 못하잖아요. 재판을 받을 때 가난해서 변호사를 구하지 못하는 사람이 있다면 국가에서 비용을 대는 국선변호인을 선임해 주는 제도가 있어요. 피고인은 자신을 변호할 권리가 있고, 그런 권리를 보장받을 수 있도록 법적인 절차를 마련해 둔 거예요.

정의의 실현은 말로만 되는 게 아냐

　　　　　　　　　　　정의를 실현한다고 말이나 구호로만 떠드는 건 아무 소용이 없어요. 그리고 어떤 게 정의인지를 개인이나 특정한 집단이 정해서도 안 돼요. 앞서 말한 것들이 충족되어야 비로소 정의라고 말할 수 있어요. 전두환 대통령이 '정의사회 구현'이라는 구호를 내걸고 불량배들을 잡아다 삼청교육대라는 곳에 보내서 혹독하게 벌을 준 일이 있었어요. 하지만 누가 불량배인지 판단하는 기준이 명확하지 않았고 심지어 지역별로 인원을 할당해서 잡아오도록 시키기도 했어요. 더구나 그렇게 잡혀간 사람들은 정식 재판도 받지 않았고 자신을 변호할 수 있는 기회 자체를 갖지 못했죠. 말로는 정의를 실현하기 위해서라고 했지만 전혀 정의에 맞는 행위가 아니었던 거예요. 따라서 정의가 제대로 작동하도록 하기 위해서는 부당한 행위들에 대한 감시와 견제가 필요해요. 나아가 정의를 실현할 수 있는 공정한 절차와 제도를 마련하는 일에도 힘써야 하고요.

━━━━━━ **생각해 보기** ━━━━━━

1. 우리나라에서 정의로운 사회를 가로막고 있는 가장 큰 문제점은 무엇일까요?

2. 학교에 정의롭지 못한 행동을 하는 친구가 있을 경우 어떤 방법을 동원하는 게 가장 좋을까요?

3. 정의에 대한 기준을 세운다고 할 때 중요하게 고려해야 할 것들은 무엇이 있을까요?

4

민주주의

민주주의를 뜻하는 영어 'democracy'는
민중 또는 다수를 뜻하는 데모스(demos)와
지배를 뜻하는 크라티아(kratia)를 합친 라틴어
데모크라티아(demokratia)라는 말에서 나왔으며,
다수의 민중이 지배하는 정치체제라는
뜻을 지니고 있다.

【 민주주의 】

　"민주주의 국가에서 어떻게 이런 일이 있을 수 있어?" 이런 말을 하는 사람을 어렵지 않게 만날 수 있어요. 억울한 일을 당했을 때, 혹은 자신의 의사와 상관없이 자신에게 영향을 미치는 중요한 결정이 내려지면 누구라도 그런 말을 하고 싶을 거예요. 어떤 조직이나 모임에서 한 사람 혹은 일부가 독단적으로 일을 추진할 때 "민주적으로 합시다."와 같은 말을 하기도 하잖아요. 이 말은 우리가 민주주의 사회에서 살고 있다는 걸 전제로 하고 있어요. 민주주의의 가치가 중요하다는 걸 다들 알고 있다는 사실을 말해 주기도 하는 거고요.

민주주의의 원조 아테네를 아나요?

　　　　　　　　　　　　　　　　민주주의는 고대 그리스에서부터 시

작했어요. 그리고 민주주의를 뜻하는 영어 'democracy'는 민중 또는 다수를 뜻하는 데모스(demos)와 지배를 뜻하는 크라티아(kratia)를 합친 라틴어 데모크라티아(demokratia)라는 말에서 나왔어요. 다수의 민중이 지배하는 정치체제라는 뜻을 지니고 있는 셈이죠. 그리스의 도시국가인 아테네에서는 시민들이 직접 정치에 참여했으며, 다음과 같은 특징을 지니고 있었어요.

> **첫째,** 전체 시민들이 한자리에 모여 국가의 중요한 일들을 결정했어요. 이런 방식을 직접 민주주의라고 불러요.
>
> **둘째,** 시민의 범주에 속하지 못하는 여자와 외국인, 노예는 정치에 참여할 수 없었어요. 당시만 해도 모든 사람은 평등하다는 생각을 갖고 있지 못했다는 걸 알 수 있죠.
>
> **셋째,** 나라를 이끌어갈 사람을 뽑을 때 직접선거가 아니라 추첨을 통해서 했다고 해요. 모든 시민은 동등한 역량을 가지고 있다고 판단했기 때문이래요.

아테네의 민주주의와 오늘날의 민주주의는 조금 다른 측면이 있다는 걸 알 수 있죠? 아테네는 작은 도시국가였기 때문에 직접 민주주의가 가능했어요. 하지만 국가 단위가 커진 지금은 대부분의 나라에서 간접 민주주의를 택하고 있어요. 선거를 통해 대표자를 뽑고, 그렇게 뽑힌 사람들이 권한을 위임받아서 행사하는 방식이에요. 대의 민주주의라는 말로 부르기도 해요.

아테네의 민주주의는 그 후 스파르타와의 전쟁에서 패하고 이어서 로마에게 정복당하면서 사라졌어요. 그러다가 오랜 세월이 흐른 다음 17세기 후반부터 다시 민주주의 사상이 싹트기 시작했지요. 영국의 존 로크와 프랑스의 몽테스키외 같은 사상가들이 시민의 권리를 주장하기 시작하면서 국왕에 의한 권력의 집중을 막아야 한다는 생각이 퍼져 나 갔거든요. 그리고 영국과 프랑스에서 혁명을 통해 왕족과 귀족이 다스 리던 정치체제를 무너뜨리면서 비로소 시민들이 정치의 주체로 참여하 는 민주주의가 시작되었다고 할 수 있어요.

민주주의가 갖추어야 할 조건은 뭘까?

민주주의에는 다양한 형태가 있 고, 나라마다 취하고 있는 방식이 조금씩 달라요. 그럼에도 민주주의가 실현되고 있느냐 아니냐를 따질 때 보통 아래와 같은 여섯 가지 조건을 갖추어야 한다고 말해요.

첫째, 모든 국민이 동등하게 1인 1표의 투표권을 행사할 수 있어야 한다.
둘째, 적어도 2개 이상의 정당들이 구성되어 자유롭게 선거에 참여하고 서로 경쟁할 수 있어야 한다.
셋째, 국가는 모든 국민이 누려야 할 권리를 보장해야 한다. 이 권리에 는 출판·결사·언론의 자유가 포함되어야 하고, 적법한 절차 없이 국민 을 체포하거나 구금할 수 없어야 한다.

넷째, 정부의 정책은 국민의 이익과 행복을 위한 것이어야 한다.

다섯째, 국가는 비판의 자유를 보장하고 그런 목소리를 들을 수 있어야 한다. 의회와 언론 등에서 말하는 반대 의견을 경청하고 합리적인 의견은 수용해야 한다.

여섯째, 정권교체는 평화적인 방법으로 이루어져야 한다.

이와 같은 조건들을 갖추고 있지 않다면 그 나라는 제대로 된 민주주의 국가라고 할 수 없어요. 실제로 상당수의 독재국가에서는 겉으로 민주주의를 내세우고 있지만 내용상으로는 민주주의를 거스르는 경우가 많아요. 북한의 정식 명칭이 뭘까요? '조선민주주의인민공화국'이 북한의 나라 이름이에요. 가운데 민주주의라는 말이 들어가 있지만 북한을 민주주의 국가라고 하는 사람은 거의 없잖아요. 민주주의 국가라면 마땅히 지켜야 할 원칙들을 지키지 않고 있기 때문이죠.

민주주의는 피를 먹고 자란다

대한민국 헌법 제1조 제2항은 "대한민국의 주권은 국민에게 있고, 모든 권력은 국민으로부터 나온다."라고 되어 있어요. 우리나라가 민주주의 국가임을 헌법에서 명확하게 규정하고 있다는 걸 알 수 있죠. 하지만 이런 헌법 조항이 있다고 해서 저절로 민주주의 국가가 되는 건 아니에요. 권력을 잡은 사람이 헌법을 무시하면서 자기 마음대로 통치하기 시작하면 헌법 조항은 있으나 마나 한 것이

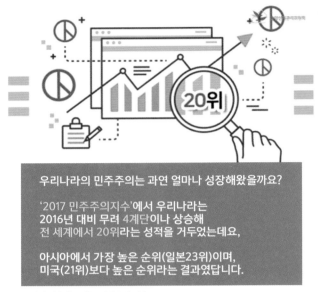

우리나라의 민주주의는 과연 얼마나 성장해왔을까요?

'2017 민주주의지수'에서 우리나라는
2016년 대비 무려 4계단이나 상승해
전 세계에서 20위라는 성적을 거두었는데요,

아시아에서 가장 높은 순위(일본23위)이며,
미국(21위)보다 높은 순위라는 결과였답니다.

해마다 상승하고 있는 민주주의 지수
(출처: 중앙선거관리위원회, 영국의 경제주간지 〈이코노미스트〉 조사 인용)

되고 말 테니까요.

민주주의는 피를 먹고 자란다는 말이 있어요. 그만큼 민주주의를 실현하는 게 어렵다는 걸 비유해서 나타낸 말이죠. 4·19 혁명에 대한 이야기를 들어 봤을 거예요. 1960년에 이승만 대통령이 부정선거를 저질러서 수많은 학생들이 거리로 나와 부정선거를 규탄하고 민주주의의 회복을 외쳤어요. 그 과정에서 수백 명의 학생이 경찰이 쏜 총에 맞아 숨졌고요. 4·19 혁명은 그렇게 젊은 학생들의 핏자국 위에서 피어났어요. 하지만 1년 만에 박정희 장군이 쿠데타를 일으켜 4·19 혁명을 짓밟고 말았어요. 그런 다음 18년 동안이나 대통령을 하며 독재정치를 이어갔어요. 박정희의 독재정치에 반대하며 민주주의를 외친 사람들은 감옥에 가거나 심지어 사형을 당하기도 했고요. 박정희 대통령의 뒤를 이은 전두환 대통령 시절에도 마찬가지였어요. 그러다가 1987년에 일어난 6·10 민주항쟁의 결과로 대통령을 국민의 손으로 직접 뽑게 되면서 다시 민주주의의 싹을 틔우게 되었죠. 그렇게 되기까지 많은 사람들이 피를 흘리는 고난을 겪어야 했으니, 민주주의는 피를 먹고 자란다는 말이 과장된 건 아니었던 거죠.

민주주의를 지키기 위해
우리는 무엇을 해야 할까?

민주주의를 지키고 발전시키려면 시민들의 감시와 견제가 필수적이라는 걸 잊으면 안 돼요. 나아가 시민들의 적극적인 참여도 필요해요. 대통령과 국회의원을 뽑는 투표 행위에 참여하는 건 물론이고, 민주주의를 파괴하려는 행위에 대해서는 힘을 모아 저항해야 하고요. 2016년 겨울부터 2017년 봄까지 이어진 촛불시위는 민주주의를 지키기 위한 시민들의 조직적인 저항운동이었고, 통치자가 잘못하면 언제든지 자리에서 내려올 수 있도록 해야 한다는 민주주의의 원칙을 확인하는 기회이기도 했잖아요. 그런 공로를 인정해서 독일의 에베르트 재단에서 촛불집회에 참가한 우리나라 시민 모두에게 '2017 에베르트 인권상'을 수여하기도 했어요.

민주주의가 최고이자 최선의 제도라고 할 수는 없겠지만, 인류가 만든 정치제도 중에서는 아직껏 민주주의를 대체하거나 뛰어넘을 만한 게 나오지 않았어요. 그리고 민주주의는 완성된 형태가 아니라 지금도 발전하고 있는 중이며, 끊임없이 부족한 점을 보완해 가야 해요. 물론 그 모든 과정에서 국민이 중심에 서 있어야 한다는 건 너무나 당연한 말이겠지요.

생각해 보기

1. 국민의 대표로 뽑힌 사람들이 국민의 뜻과 어긋나는 정책을 펴는 경우가 많은데 왜 그런 일이 벌어질까요?

2. 우리나라는 투표율이 낮은 편이에요. 투표율을 높일 수 있는 좋은 방법이 없을까요?

3. 완전한 민주주의를 실현하기 어려운 가장 큰 이유는 무엇일까요?

5

공화국

공화 정치의 특징은 신분과 출생 등에 따른 차별을
인정하지 않고 자유와 평등의 이념을 앞세우며,
민주주의 정신에 따라 선거에 의해 국민의 대표자들을
뽑아서 국가 운영을 맡기는 데 있다.
따라서 국민에게 주권이 있다는 걸 명확하게
하지 않으면 공화국이라고 할 수 없다.

【 공화국 】

대한민국은 민주공화국이다.
대한민국은 민주공화국이다.
대한민국의 모든 권력은 국민으로부터 나온다.

  2016년 가을에서 겨울까지 이어진 촛불집회 때 많은 사람들이 불렀던 노래 가사인데요. 저 가사는 우리나라 헌법 제1조를 그대로 옮긴 거예요. 대한민국이라는 나라의 성격을 규정한 대목이죠. 민주공화국은 민주와 공화국이라는 말을 합친 건데, 공화국은 어떤 성격을 가진 나라를 뜻하는 말일까요? 늘 듣던 말이지만 깊이 있게 생각해 본 사람들은 그리 많지 않을 거예요. 그래서 공화국이 뭔지 설명해 보라고 하면 머뭇거리며 선뜻 대답할 말을 찾지 못하는 경우가 많지요.

공화 정치의 반대는 전제 정치

공화국이란 공화 정치를 하는 제도를 갖춘 나라를 말하고, 공화 정치란 국민이 선출한 대표자 또는 대표 기관의 의사에 따라 주권이 행사되는 정치를 말해요. 주권이 한 사람에 의해 행사되는 게 아니라는 거죠. 그렇다면 공화 정치의 반대말은 뭘까요? 전제 정치 혹은 군주 정치라고 해요. 전제란 국가의 권력을 개인이 틀어쥐고 모든 권한을 행사하는 걸 말하고, 그런 사람을 흔히 군주라고 부르죠. 군주란 쉬운 말로 하면 왕이에요. 우리나라에서는 임금이라고 했죠. 조선 시대까지도 우리나라는 임금이 다스리는 군주 정치를 해 왔어요. 임금은 아무나 되는 게 아니고 왕족의 혈통을 지닌 사람만 가능했고요. 그렇게 왕을 형제나 자식에게 물려주고 받는 걸 세습이라고 부른다는 건 들어 봤을 거예요. 공화국에서는 그런 방식이 통할 수 없어요. 국민이 선출한 사람만 나라를 대표해서 주권을 행사할 수 있으니까요. '대한민국의 모든 권력은 국민으로부터 나온다.'라는 말이 그런 개념 속에서 나온 거고요. 그래서 공화국과 민주주의라는 말은 대개 같이 붙어 다니곤 하죠. 우리나라 헌법에서 그냥 '공화국'이 아니라 '민주공화국'이라고 한 것도 그런 이유 때문인 거예요.

21세기에 들어선 지금도 왕이 있는 나라들이 있어요. 영국, 일본, 태국 같은 나라들이 그런데요. 그런 나라들은 입헌 군주국이라고 불러요. 군주, 즉 왕이 있지만 왕이 마음대로 정치를 하는 게 아니라 헌법에 따라 이끌어 가야 하기 때문에 예전의 왕조국가와는 달라요. 프랑스의 왕인 루이 14세가 말했다고 하는 "짐이 곧 국가다."라는 말은 왕이 절대 권력을 행사하던 때나 가능했던 거죠. 입헌 군주국도 실제로는 공화국에 가까운 형태로 운영되고 있어요. 왕은 주로 상징적인 역할을 하고, 국민이 뽑은 의원들이 의회를 구성해서 법률을 만들고 내각의 수상이 국정을 책임지고 운영하거든요.

서양의 공화 정치를 알아 볼까?

　　　　　　　　　　　　공화 정치는 고대 그리스와 로마 시대에도 있었어요. 흔히 공화정이라고 말하는 정치제도를 운영했거든요. 하지만 당시에는 오늘날과 같은 형태의 공화 정치는 아니었어요. 300명 정도로 구성된 원로원 의원들이 정책을 결정하고 실행했는데, 이 원로원 의원들을 일반 평민이 선출하는 게 아니라 귀족들끼리 모여서 선출했거든요. 그래서 당시의 정치제도를 귀족정치라고 부르기도 해요. 그럼에도 공화정이라고 말할 수 있었던 건 한 사람이 독재를 하는 게 아니라 대표들을 뽑아서 국가를 운영하도록 했기 때문이죠. 그리고 나중에는 평민들이 원로원으로 진출할 수 있는 길이 열리기도 했어요.

　서양에서 다시 공화 정치가 시작된 건 프랑스혁명과 미국독립혁명 등을 거치면서부터예요. 혁명을 통해 왕조체제를 뒤엎고 새로운 헌법을 만든 다음 그 안에 공화 정치의 이념을 담아냈기 때문이죠. 그리고 제2차 세계대전 이후에 독립한 수많은 나라들이 공화국 체제를 갖추면서 지금은 세계 대부분의 나라가 공화국 형태를 띠고 있어요.

공화 정치의 특징은 신분과 출생 등에 따른 차별을 인정하지 않고 자유와 평등의 이념을 앞세우며, 민주주의 정신에 따라 선거에 의해 국민의 대표자들을 뽑아서 국가 운영을 맡기는 데 있어요. 국민에게 주권이 있다는 걸 명확하게 하지 않으면 공화국이라고 할 수 없는 거죠. 그래서 겉으로만 공화국임을 내세워서는 진정한 공화국이라고 할 수 없어요.

독일의 예를 들어 볼까요? 독일은 1871년에 통일한 다음 독일제국을 건설했어요. 그 후에 제1차 세계대전을 일으켰다가 패배하는 바람에 1918년에 독일제국이 해체되었지요. 그 뒤에 공화 정치의 정신을 담은 바이마르 헌법을 채택하고 새로운 출발을 한 거예요. 그 무렵의 독일을 바이마르 공화국이라고 불렀어요. 하지만 얼마 안 있어 독일과 세계의 운명을 바꿔 놓을 사람이 등장하게 되는데, 그게 누굴까요? 바로 나치스를 이끈 히틀러예요. 1933년에 히틀러가 정권을 잡으면서 공화 정치는 막을 내리게 돼요. 공화국이라는 이름은 유명무실해지고 총통 자리에 오른 히틀러가 거침없이 일인 독재로 치달았으니까요. 히틀러 역시 정당을 만들어서 활동하고 선거를 통해 선출된 대표였지만, 국민이 위임한 주권을 제멋대로 행사함으로써 독일이라는 나라뿐만 아니라 전세계 인류에게 고통을 안겨 주었어요. 공화 정치의 정신을 배신한 대가치고는 너무 처참한 결과를 맞이하게 된 거죠.

형식이 아닌 내용을 갖추어야 한다

"공화국에서 왔수다!" 오래전 반공 드라마에서는 저런 대사가 자주 나왔어요. 북한 정부가 내려보낸 간첩이 자신의 신분을 밝히면서 하던 말인데요. 간첩이 말한 공화국은 북한, 즉 '조선민주주의인민공화국'을 뜻하는 거예요. 사회주의 국가 이름에도 대개 공화국이라는 말을 붙여요. 러시아 이전의 국가명이 소련이었는데, '소비에트 사회주의 연방공화국'을 줄인 거예요. 중국의 정식 국가명은 '중화인민공화국'이고요. 이런 나라들은 모두 공화국을 표방하고 있지만 공산당 외에 다른 정당들을 만들어서 자유롭게 선거를 할 수 있는 조건이 마련되어 있지 않아 우리가 일반적으로 말하는 공화국 체제와는 다르다고 봐야 해요. 공화국이라고 선포하는 것만으로는 부족하고 실제 내용을 채우는 게 중요하다는 걸 알 수 있죠.

박근혜 대통령이 탄핵을 당해서 대통령직에서 내려온 건 우리나라가 바로 공화국이었기 때문에 가능한 거였어요. 주권이 국민에게 있으므로 아무리 대통령이라고 해도 국민을 이길 수는 없고, 이기려 해서도 안 되는 거잖아요. 국민의 의사와 권리가 무엇보다 먼저인 나라, 그게 공화국임을 우리나라 국민은 직접 체험을 해 본 셈이에요. 그런 모습을 보고 세계 각국에서 우리나라 국민에게 찬사를 보내고 부러워하기도 했잖아요. 추운 겨울에 그 많은 사람이 촛불을 들고 "대한민국은 민주공화국이다."를 외쳤던 건 얼마든지 자랑스러워해도 될 만한 역사적인 사건이었어요. 공화국을 유지하려면 이렇게 국민이 항상 권력을 감시하고, 일인 독재 체제로 가지 않도록 해야 해요.

학교 안에서도 공화 정치의 정신이 필요해

공화 정치의 정신은 국가 운영에만 필요한 게 아니라 학교 안에서도 얼마든지 적용할 수 있어요. 요즘은 모든 학교에서 학급회장과 학생회장을 직접선거로 선출하잖아요. 그렇게 뽑힌 대표들을 중심으로 학생자치 활동을 다양하게 펼치는 거죠. 그런데 학생들의 대표가 된 친구들이 학생들의 의사를 무시하고 자기 마음대로 학급이나 학생회를 운영하려고 하면 어떻게 해야 할까요? 한 나라의 주권이 국민에게 있다면 학생자치 활동에서는 학생들에게 우선적인 권리가 있어요. 따라서 일반 학생들의 의사를 반영하지 않

촛불집회 당시 JTBC 뉴스룸 방송 화면

는 학생 자치기구는 더 이상 필요하지 않아요. 당연히 민주적인 자치기구로 거듭날 수 있도록 힘을 모아야 할 거예요. 그런 과정이 민주공화국의 자랑스러운 민주시민으로 성장하는 길이기도 하고요

====== 생각해 보기 ======

1. 선한 독재자는 가능할까요? 찬반을 판단한 다음 그 근거를 말해 보세요.

2. 역사 속에서 군주 정치가 오래 지속되었던 이유는 무엇일까요?

3. 학생회가 학생들의 뜻을 잘 받들어서 운영되도록 하려면 우리의 자세는 어떠해야 할까요?

6

참정권

—선거와 투표

국민이 국가를 운영하는 데 참여하기 위해 갖는 권리를
참정권이라 하며, 후보자에게 투표할 수 있는 선거권과
선거에 출마할 수 있는 피선거권이 있다.

【 참정권 】

선거와 투표는 민주주의의 꽃

　　　　　　　학교에서 만일 담임 선생님이 학급회장을 마음대로 임명하면 어떻게 될까요? 혹은 공부 잘하는 친구들에게만 투표권을 주겠다고 하면 어떤 일이 생길까요? 그런 법이 어디 있냐며 당연히 항의가 쏟아질 거예요. 여러분의 정당한 권리가 침해받았다고 생각할 테니까요. 그런데 예전에는 그런 일이 흔했어요. 교칙에 학교 임원으로 출마할 수 있는 자격으로 성적 제한 규정을 두기도 했거든요. 이런 규정이 없어진 건 그리 오래되지 않았어요.

　선거와 투표를 흔히 민주주의의 꽃이라고 말해요. 오늘날 민주주의 국가에서 투표를 통해 국민의 대표자를 뽑아야 한다는 건 누구나 아는 상식이 되었으니까요. 선거라는 절차 없이 누군가 대표자를 하겠다고 나선다면 출발부터 정당성을 인정받을 수 없을 거예요. 간혹 군인들이 쿠데타를 일으켜서 정권을 잡는 경우가 있는데, 그럴 경우 국민의 저항을 불러오기 마련이지요.

민주적인 선거의 조건은 무엇일까?

우리나라는 성인이 되면 남녀 구분 없이 누구나 똑같은 투표권을 행사할 수 있어요. 부자건 가난뱅이건 그런 구분이 없으니, 미성년자를 제외한 모든 국민이 가장 공평하게 권리를 행사할 수 있는 게 바로 투표권인 셈이죠. 그렇다면 이렇게 평등한 권리가 언제부터 우리에게 주어졌을까요? 우리나라의 경우 1948년에 제헌헌법을 만들 때부터 선거에 대한 권리를 보장했어요. 민주적인 선거는 다음과 같이 네 가지 조건을 갖추어야 해요.

- **보통선거**: 인간은 모두 평등하므로 일정한 연령이 되면 누구나 선거에 참여할 수 있다.
- **평등선거**: 선거권이 있는 사람이라면 누구나 똑같이 한 표씩 행사할 수 있다.
- **비밀선거**: 투표의 내용을 투표자 이외에는 알 수 없도록 한다.
- **직접선거**: 후보자들에게 선거권자가 직접 투표를 하도록 한다.

민주적인 선거의 기본틀은 서양에서 만들어졌어요. 하지만 서양이라고 해서 처음부터 이처럼 평등한 원칙들이 지켜진 건 아니에요. 국민이 국가를 운영하는 데 참여하기 위해 갖는 권리를 참정권이라 하는데, 후보자에게 투표할 수 있는 선거권과 선거에 출마할 수 있는 피선거권이 있어요. 이런 참정권을 확보하기 위해서 많은 사람의 노력과 희생이 있었어요. 시간도 많이 걸렸고요. 특히 여성과 흑인 들이 남성이면서 백인인 사람들과 똑같은 권리를 얻는 과정은 무척 힘들었어요. 지금 생각하면 명백한 차별이지만 예전에는 백인 남성들이 우월의식에 젖어 여성과 흑인은 열등한 존재라고 여겼으니까요.

여성이 참정권을 얻기까지

여성들이 참정권을 얻기 위해 얼마나 힘든 싸움을 했는지 알려 주는 사례가 있어요. 20세기 초에 영국에서 여성의 참정권을 보장해 달라는 서프러제트 운동이란 게 일어났어요. 에멀린 팽크허스트를 비롯한 여성 지도자들은 처음에는 집회와 선전 활동 등 온건한 방법으로 자신들의 주장을 펼쳤어요. 하지만 이를 못마땅하게 여긴 남성들이 이들의 운동을 무시하거나 막아서면서 갈등이 시작돼요. 나중에는 여성들이 말로는 남성들을 설득할 수 없다는 판단을 내리고 '말이 아닌 행동'을 내세우며 돌과 폭탄을 던지는 과격한 시위로 이어졌죠. 결국 시위에 앞장선 여성들이 감옥에 가는 등 많은 탄압을 받았어요.

그러다가 제1차 세계대전이 끝난 1918년에 드디어 여성들에게도 참정권이 주어졌어요. 하지만 내용을 들여다 보면 참 어이없다는 말밖에 할 수가 없어요. 왜냐하면 30세 이상의 여성들에게만 투표권이 주어졌고, 그것도 일정한 재산을 갖고 있거나 그런 남성과 결혼한 경우에만 가능하도록 했거든요. 당시 영국 남성들이 얼마나 여성들의 정치 참여를 싫어했는지 알 수 있는 사례예요.

하지만 한 번 터진 물꼬를 막

여성 참정권 투쟁을 소재로 한 영화 〈서프러제트〉 포스터

을 수는 없는 법이어서 10년 후인 1928년에는 21세 이상의 모든 여성이 남성과 동등하게 투표권을 행사할 수 있게 됐어요. 뉴질랜드가 1894년에 여성들에게 참정권을 허용했고, 호주는 1902년에 여성을 포함한 모든 성인에게 참정권을 보장하는 법을 통과시켰으니, 그들 나라에 비하면 상당히 늦은 편이기는 하죠. 서양에서 더 늦은 나라도 있긴 해요. 민주주의가 발달했다는 프랑스와 미국의 경우를 볼까요? 프랑스는 1946년에 남녀가 평등하게 선거에 참여할 수 있도록 했어요. 미국은 그에 앞서 1920년에 여성들도 선거에 참여하도록 하긴 했는데요. 미국은 각 주마다 따로 자치권이 있어서 연방 정부에서 법을 통과시켰지만 주 정부에 법의 시행을 강요할 수는 없었어요. 그러다 보니 주마다 여성 참정권을 인정하는 시기가 각자

달랐고, 1984년에서야 미시시피 주가 여성 보통선거에 관한 법을 인정하면서 마무리되었어요. 흔히 후진국이라고 부르던 나라들에 비해서도 상당히 늦었지요.

흑인이 참정권을 얻기까지

그렇다면 흑인들의 참정권은 어땠을까요? 쉽지 않았으리란 건 충분히 짐작할 수 있겠죠? 흑인을 백인과 똑같은 인격체를 가진 인간으로 대우하지 않았던 시간이 길었으니까요.

2014년에 개봉한 〈셀마〉라는 제목의 영화가 있어요. 흑인 참정권을 다룬 영화인데요. 셀마는 미국 앨라배마 주에 있는 작은 도시예요. 1965년에 셀마에 사는 흑인들이 온전한 참정권 보장을 요구하며 시위를 했어요. 전해인 1964년에 '시민 권리에 관한 법률'이 통과되면서 흑백 분리 정책이 법률적으로는 공식 폐기됐어요. 하지만 앨라배마 주에서는 교묘한 방법으로 흑인들의 투표권 행사를 막았다고 해요. 흑인들에게 미국의 역사와 헌법에 대한 질문을 한 다음 제대로 대답을 하지 못하면 투표권을 주지 않았다는군요. 아무래도 흑인들은 학교에 다닐 기회가 적고, 글을 모르는 사람들도 많았는데, 그런 점을 이용한 거죠. 분노한 흑인들이 항의시위에 나섰고, 그 무렵 흑인 인권 운동에 앞장선 공로로 노벨평화상을 받은 마틴 루터킹 목사가 시위대를 이끌게 되죠. 영화는 그 과정을 감명 깊게 그리고 있어요.

그때 흑인들이 벌인 시위를 '셀마에서 몽고메리까지의 행진'이라고 불러요. 몽고메리는 앨라배마 주의 청사가 있는 도시예요. 3차에 걸친 행진과 투쟁 끝에 마침내 1966년에 흑인들도 완전한 참정권을 얻게 되죠. 이로 인해 당시의 행진은 흑인들의 인권을 향상시킨 역사적인 사건으로 기록되었어요.

우리나라 참정권의 역사

이제 우리나라의 참정권 역사를 볼 차례군요. 그런데 우리나라에서는 참정권과 관련해서 특별히 기억하거나 기록할 만한 내용이 없어요. 1948년에 제헌헌법을 만들고 대한민국 정부 수립을 할 때 이미 남녀 구분 없이 평등한 참정권을 부여했거든요. 다른 나라들처럼 참정권을 보장받기 위해 힘든 과정을 겪을 필요가 없었어요. 그만큼 제헌헌법의 내용이 민주주의의 가치를 충분히 갖추었다고 할 수 있겠네요. 그건 당시에 제2차 세계대전이 끝나면서 식민지로 있던 여러 나라들이 앞다투어 독립을 하고, 그렇게 탄생한 신생 독립 국가들이 대부분 민주주의 체제를 갖추었고, 우리나라도 그런 흐름을 따랐기 때문이라고 할 수 있어요. 우리나라가 만일 그때 독립을 못 했다면 여전히 일본의 지배 아래 있는 건 물론 참정권 같은 말은 꺼내지도 못하고 있었을 거예요.

21세기로 들어선 지금, 가장 최근에 여성의 참정권을 인정한 나라는 어디일까요? 그건 사우디아라비아예요. 사우디아라비아는 왕이 다스리는 왕정체제인 데다 아랍권의 나라들은 오랫동안 여성들의 사회 참여를 가로막고 있었거든요. 그럼에도 결국 여성들의 기본권을 인정하게 된 건 세계적인 흐름을 거스를 수 없었기 때문이겠죠.

================ **생각해 보기** ================

1. 참정권이 중요한 이유는 무엇 때문일까요?

2. 각 나라에서 참정권을 획득하기 위해 희생을 감수하며 투쟁해 온 이유는 무엇일까요?

3. 미국에서 흑인에게도 참정권을 부여할 수밖에 없었던 이유를 말해 보세요.

7

청소년 참정권

만 18세면 돈을 벌 수 있고, 군인이 될 수 있으며
심지어 결혼도 할 수 있는데 왜 투표권은 없을까?
가정을 꾸려갈 정도의 나이가 됐다는 건 인정하면서도
투표권을 제한하는 건 불합리하지 않을까?

【 청소년 참정권 】

청소년은 투표하지 말라고?

　　　　　2018년 봄에 청소년들이 피켓을 들고 거리로 나섰어요. 국회 앞에서 천막을 치고 농성도 했고요. 심지어 머리를 미는 삭발식을 한 친구들도 있었다는군요. 대체 무엇이 그 친구들로 하여금 거리로 나서도록 했을까요? 여러분이 국회 앞에서 시위를 한다면 가장 먼저 내세우고 싶은 게 무엇인지 생각해 보세요. 무척 다양한 요구들을 떠올릴 수 있지 않을까요? 입시제도 개선이나 학교 폭력 근절, 게임 셧다운 문제 같은 것들이 먼저 생각나는군요. 그밖에도 여러 가지가 있을 텐데, 그때 청소년들이 내세운 건 청소년들에게도 투표권을 달라는 것이었어요.

　2017년 대통령 선거를 앞두고 대다수 후보들은 현재 법으로 정해진

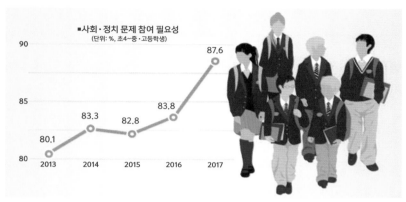

■사회·정치 문제 참여 필요성
(단위: %, 초4·중·고등학생)

90

87.6

85

83.3   82.8   83.8

80.1

80
2013   2014   2015   2016   2017

10대 청소년의 정치 참여의식 조사 결과(출처: 통계청)

선거 참여 연령을 낮추겠다는 공약을 내세웠어요. 지금은 만 19세 이 상만 투표에 참여할 수 있거든요. 그걸 만 18세로 낮추겠다는 거였죠. 청소년 투표권 인정은 문재인 대통령이 당선되고 나서 만든 정부 100 대 국정과제에도 포함시킬 만큼 시급하고 중요한 내용으로 부각이 되었 어요. 그런 분위기 속에서 지방선거를 앞두고 열심히 목소리를 낸 덕에 호의적인 여론을 끌어냈지만 결국 요구를 이루진 못했어요. 아직은 시 기상조라며 반대하는 정당이 있었기 때문인데요. 그래도 언젠가는 그 청소년들의 바람이 이루어질 날이 올 거예요.

청소년들도 투표권을 행사하도록 한다면 몇 살부터가 적당할까요? 어느 국회의원은 피선거권, 즉 선거에 후보로 나설 수 있는 나이를 만 18세, 투표에 참여할 수 있는 나이를 만 16세로 하자는 법안을 내기도 했어요. 교육감을 뽑는 선거에 학생들이 참여하지 못하는 건 불합리하 다는 생각을 바탕에 두고 있는 거죠. 그리고 정당 가입 연령을 만 15세로 하자는 안도 내놓았어요. 너무 이상적인 생각인가요?

팀 황, 교육위원으로 당선된 재미교포 청소년

재미교포 2세 중에 팀 황이라는 청년이 있어요. 16세인 2008년에 오바마 민주당 대통령 후보 캠프에 들어가 선거 운동을 했어요. 그리고 1년 후에는 메릴랜드 주 몽고메리 카운티 교육위원에 출마해서 당선됐고요. 교육위원 8명 중 한 명은 반드시 학생 중에서 뽑도록 했기 때문이에요. 단순히 투표권만 주는 게 아니라 직접 교육위원으로 출마할 수도 있으니 우리나라와는 정말 많은 차이가 있는 거죠. 교육위원으로 당선된 팀 황은 230만 달러의 교육예산을 심의하는 권한과 22,000여 명의 교사와 공무원을 감시하는 역할을 할 수 있었어요. 학생과 교사 들에게 도움이 되는 법안을 만드는 데 참여할 수도 있었고요. 이게 미국이라서 가능한 얘기일까요? 그렇다면 다른 나라들은 어떤지 볼까요?

오스트리아, 브라질, 아르헨티나, 에쿠아도르, 니카라과 같은 나라들이 만 16세부터 투표권을 행사할 수 있고, 인도네시아와 이란을 포함해 아프리카에 있는 수단공화국 같은 나라는 만 17세 청소년들에게 투표권을 주었어요. 이웃 나라인 일본도 최근에 만 18세로 선거 참여 연령을 낮췄고요. 경제력이 높은 나라들로 이루어진 경제협력개발기구, 즉 OECD에 속한 나라 중에서 우리나라의 선거 참여 연령이 가장 높게 설정되어 있어요. 그렇다면 다른 나라의 청소년들이 우리나라 청소년들에 비해 정신 연령이 높고 판단력이 뛰어나서 그런 걸까요? 그렇게 여길 만한 근거는 어디에도 없어요.

만 18세면 결혼도 하고 군대도 갈 수 있다

우리나라의 선거 참여 연령은 지난 1948년에 대한민국 정부를 수립하고 처음 치러진 국회의원 선거에서 만 21세 이상으로 시작했어요. 그러다 12년 후인 1960년 제5대 국회의원 총선에서 만 20세로, 그다음으로는 45년 뒤인 2005년에서야 만 19세로 내려왔지요. 하지만 여전히 미흡한 단계에 머물러 있는 셈이에요. 전 세계에서 참정권을 만 18세 이하부터 적용하는 나라가 86%에 이른다고 하니까요.

그럼 청소년 참정권을 외치는 사람들은 왜 만 18세를 주장하는 걸까요? 물론 그 이하로 내려가면 더 좋겠지만, 당장은 만 18세부터라도 시작하자는 건데요. 만 18세가 되면 국가가 부여하는 권리와 의무가 많아요. 어엿한 성인으로 대우한다는 거죠. 어떤 것들이 있는지 한번 알아봅시다.

- **주민등록증을 발급받는 나이:** 만 17세
- **결혼할 수 있는 나이:** 만 18세(부모의 동의를 얻을 경우)
- **군대 갈 수 있는 나이:** 만 18세부터 지원 가능
- **운전면허증 딸 수 있는 나이:** 만 18세

● 공무원 시험 응시 자격: 만 18세

　이뿐만이 아니에요. 근로기준법에 따르면 청소년들은 만 15세부터 취업을 해서 일할 수 있어요. 일을 하는 만큼 급여를 받을 테고 당연히 그에 따른 세금도 내야겠죠? 만 18세면 돈을 벌 수 있고, 군인이 될 수 있으며 심지어 결혼도 할 수 있는데 왜 투표권은 없을까요? 우리가 살아가면서 결혼만큼 중요한 게 있을까요? 가정을 꾸려갈 정도의 나이가 됐다는 건 인정하면서도 투표권을 제한하는 건 불합리하다는 게 만 18세 참정권을 요구하는 사람들의 주장인 셈이죠.

　'19금'이라는 딱지가 붙은 영화들이 있잖아요. 만 19세 미만의 청소년들이 봐서는 안 되는 영화라는 뜻인데요. 그런 딱지가 붙은 영화일수록 호기심을 불러일으키곤 하죠. 여기서 19세는 어떤 기준에서 나온 걸까요? 우리나라 민법 제4조에 "사람은 19세로 성년에 이르게 된다."라는 조항이 있어요. 성년과 미성년의 기준을 만 19세로 잡은 거죠. 그렇게 기준을 잡은 이유는? 아마 누구도 자신 있게 설명하기 힘들 거예요. 만 18세와 만 19세를 가르는 생물학적 차이나 정신적 차이를 분명하게 드러내서 보여 줄 수 없을 테니까요. 같은 나이라도 성숙도에 차이가 있을 수 있고요. 그러니 만 19세를 성년과 미성년의 기준으로 정한 건 특별한 이유가 없다고도 할 수 있겠군요. 한 가지 추론을 해 보자면, 만 18세는 대개 고등학교 3학년에 해당하는 나이라는 사실과 관련이 있지 않을까 싶어요. 어떻게 학생을 성인으로 대우할 수 있느냐는 거겠죠. 하지만 앞에서 살펴본 대로 만 18세 이상에게 주어지는 각종 권리와 의무를 생각하면 뭔가 앞뒤가 안 맞는다는 생각을 떨쳐 버릴 수 없어요. 그래서 18세와 19세로 나뉜 기준을 하나로 통일시킬 필요가 있다는 주장이 나오고 있어요.

근거 없는 우려들

청소년 참정권을 만 18세로 낮추는 걸 반대하는 사람들의 입장은 뭘까요? 만 18세는 아직 정치적 선택을 할 수 있을 만큼 합리적 판단력을 갖추지 못했기 때문이라는 이유를 들곤 해요. 아직 미성숙한 상태에서 국민의 대표를 뽑는 중요한 권리가 주어지면 잘못된 판단을 내릴 가능성이 많고, 그 결과 사회의 혼란을 가져오게 된다는 거예요. 이에 대해서는 만 18세 청소년도 투표권을 행사하도록 한 나라들이 과연 혼란에 빠졌는가를 생각해 보면 돼요. 그런 나라들 중에서 문제가 많으므로 투표 참여 나이를 높이자는 나라는 아직 없거든요.

정말로 걱정스럽다면 학교에서 정치와 선거의 의미를 충실히 가르치고, 민주주의의 원리를 체험할 수 있는 다양한 프로그램을 만들면 되지 않을까요? 그런 훈련을 통해 자신의 권리를 올바로 행사하는 민주시민으로 길러내는 것, 그게 훨씬 중요한 일이잖아요. 그런 고민 없이 청소년들의 정치 참여를 무조건 가로막는 건 시대의 흐름을 거스르는 일이에요. 우선 교육감 선거만이라도 청소년들에게 투표권을 주어야 한다는 주장이 정말 이치에 어긋난 걸까요?

생각해 보기

1. 청소년이 참정권을 행사할 수 있는 나이로 몇 살이 적당할지 판단한 다음 그 이유를 설명해 보세요.

2. 선거 참여 연령을 낮추는 것에 대해 반대하는 사람들의 입장에 대해 여러분의 생각을 정리해서 말해 보세요.

3. 청소년들의 선거 참여 연령을 낮추면 우리 사회에 어떤 변화가 일어날까요?

8

표현의 자유
—팅커 판결

학생이라고 해서 헌법이 정한 기본권을
침해받아서는 안 된다. 말로 표현하건 몸으로 표현하건,
그건 오로지 당사자의 자유의지에 따라야 하고,
국가는 그런 표현을 금지하거나 간섭하는 게 아니라
보호해야 할 의무가 있다.

【 표현의 자유 】

학생도 말할 자유가 있다

미투(me too) 운동이 한창 퍼져갈 때 몇몇 학교에서 미투를 지지하거나 교사들의 잘못된 행동을 고발하는 포스트잇을 만들어서 붙인 학생들이 있었어요. 학교 측으로서는 당황스럽고 불편할 수밖에 없었죠. 강제로 떼거나 학생들로 하여금 그런 행동을 하지 말도록 압력을 가한 학교도 있지만 함부로 떼 버리면 학생들의 반발이 커질까 봐 이러지도 저러지도 못하는 학교가 많았어요. 이런 식으로 학생들이 집단적으로 자신들의 의사를 표현하는 일이 종종 발생하곤 해요. 학생들의 이런 태도를 두고 일부에서는 용기 있는 행동이라고 추켜세우는가 하면 학생 신분에서는 자제하는 게 좋겠다고 하는 사람들도 있어요.

촛불집회를 할 때 학생들도 참여를 많이 했잖아요. 학생들이라고 사회문제나 정치문제에 관심 두지 말라는 법은 없으니까요. 옛날에는 학생들이 거리로 나와서 자신들의 입장을 외치는 게 쉽지 않았어요. 그랬다가는 당장 징계를 받아야 했으니까요. 하지만 요즘은 그런 식으로 막지는 못해요. 민주주의 사회에서는 누구나 표현의 자유를 누릴 수 있고, 학생들이라고 해서 그런 기본권을 행사하는 걸 막으면 안 된다는 공감대가 형성돼 있으니까요.

팅커 판결의 배경

우리나라의 사례는 아니지만 미국에서 표현의 자유와 관련한 유명한 판결이 있어요. 흔히 팅커 판결이라고 부르는데요. 팅커 판결이 나오게 된 배경부터 알아 볼까 해요.

1960년대에 미국이 베트남 전쟁에 참여하자 이에 반대하는 시위가 미국 전역에서 벌어졌어요. 왜 남의 나라 전쟁에 애꿎은 젊은이들을 보내서 죽거나 다치게 만드냐는 거였죠. 평화를 염원하는 수많은 시민들이 거리로 나와 '반전평화'를 외치며 수년 동안 거센 저항을 이어갔어요. 그때 시위에 참여한 사람들이 가장 많이 불렀던 노래가 밥 딜런이라는 사람의 노래였어요. 밥 딜런은 2016년에 노벨문학상을 받기도 했어요. 가수에게 노벨문학상을 준다는 발표가 나자 세상 사람들이 모두 깜짝 놀랐죠. 밥 딜런의 노래 가사가 그만큼 뛰어난 문학성을 지니고 있다는 건데요. 1960년대 반전시위 현장에서 불린 밥 딜런의 노래들은 전쟁을 반대하고 평화를 소망하는 내용들을 담고 있었어요. 밥 딜런도 직접 자신의 노래를 들고 시위 현장에 참여하기도 했고요.

반전평화를 외친 청소년들

그런 분위기 속에서 전쟁에 반대하는 자신들의 목소리를 내고자 했던 10대 청소년들이 있었는데요. 베트남전이 한창이던 1965년의 일이었어요. 미국의 아이오와 주에 있는 중고등학교에 다니던 학생들이 미국의 베트남 전쟁 참여를 반대하는 의사를 담아 검은색 완장을 차고 등교하기로 한 거예요. 15세의 존 팅커와 13세의 동생 메리 팅커, 그리고 16세의 다른 학생 에크하르트가 그들이었어요. 하지만 이 계획은 바로 학교에 알려졌고, 교장은 학교 내에서는 어떤 학생도 정치적인 주장을 할 수 없고, 만일 완장을 차고 학교에 오면 등교를 막겠다고 경고했지요. 하지만 학생들은 그런 협박에 굴하지 않고 계획대로 검은 완장을 차고 학교에 왔어요. 학교 측은 미리 경고한 대로 완장을 찬 학생들을 집으로 돌려보내고, 등교 정지 처분을 내렸다는군요.

거기서 학생들이 겁을 먹고 물러났다면 역사적인 판결은 나오지 않았겠죠? 징계가 부당하다고 느낀 학생들은 학교 측의 조치가 부당하다며 법원에 소송을 제기했어요. 하지만 1심 판결을 맡은 지방법원은 학교 측의 손을 들어 주었고, 학생들은 상급법원에 다시 항소했어요. 그 결과 연방대법원은 표현의 자유를 규정한 수정헌법 제1조를 근거로 학

베트남 전쟁 참여 반대 의사를 표명하는 메리 팅커와 그녀의 오빠 존 팅커

생들이 정치적 의사 표시를 하기 위해 완장을 차고 등교한 건 정당하며, 따라서 학교 측의 징계가 부당하다면서 학생들의 손을 들어 주었어요. 이 판결이 바로 '팅커 판결'이에요.

연방대법원이 팅커의 손을 들어준 이유

그렇다면 연방대법원의 판결문에는 어떤 내용들이 담겨 있을까요? 판결문 속에는 사상과 표현의 자유에 대해 매우 중요한 의미를 갖는 내용들이 담겨 있어요.

법원은 "미국 수정헌법 제1조의 권리는 학교에 있는 교사와 학생에게도 적용되며, 학생이나 교사라는 이유로 언론과 표현의 자유에 대한 헌법적 권리를 박탈당하지 않는다."라고 했어요. 나아가 애국심을 들어 학생들에게 국기에 대한 경례를 강요하는 것도 안 된다는 내용까지 담았어요.

판결문에는 '사상의 시장'이라는 말이 나와요. 무슨 말이냐면, 시장에서 모든 물건을 자유롭게 사고팔 수 있듯이 교실 안에서 어떤 사상이든 자유롭게 주고받을 수 있도록 보장해야 한다는 거예요. 교실에서서로 다른 관점을 지닌 말들이 오고 가면 혼란이 생길 수도 있지만 그런 위험성까지도 감수하는 게 미국 헌법의 정신에 맞는다고 선언했어요. 그게 바로 미국인의 독립성과 활력의 바탕이 된다고 하면서요. 다양한 사상을 최대한 보장하는 동시에 학교에서 각종 사상들이 서로 경쟁하도록 만들어 줌으로써 다른 생각들을 접하고 서로 교환하면서 성장하도록 하는 게 나라의 미래를 위해 더 좋다는 거였죠.

표현의 자유와 관련해서 미국 연방법원에서는 여러 차례 중요한 판결이 있었어요. 1989년에는 자신들의 정치적 의사를 전달하기 위해 미국국기인 성조기를 태운다 해도 처벌할 수 없다는 판결도 나왔어요. 국기를 태우는 것도 사상을 표현하는 방법에 해당한다고 본 거예요. 그러자 의회에서 대중의 상식과 어긋난다면서 이 판결을 비난하는 결의안까지 채택하고 나아가 국기 모독을 금지하는 법안까지 제정했지만 연방대법원은 이 법안을 위헌이라고 판결해 버렸어요. 사상과 표현의 자유에 예외는 있을 수 없다고 하면서요. 성조기가 상징하는 자유와 포용에는 성조기를 소각할 자유에 대한 포용까지도 포함된다는 게 연방대법원의 판단이었어요. 우리나라 같으면 상상하기 힘든 일이지요.

두발 규제를 둘러싼 판결도 있었어요. 노스캐롤라이나 주에 사는 고등학생인 매시가 장발에 수염을 기르고 다닌다는 이유로 징계를 받았는데요. 이 문제 역시 1심 법원에서는 학교 측이 정한 규정을 따라야 한다고 했지만, 연방법원은 "학교 측의 두발 단속 규정은 합리적 정당성이 없으므로 두발 제한 규정과 징계는 위법하다."는 판결을 내렸어요. 법원이 근거로 든 사례들이 참 재미있는데요. 예수님도 머리가 길었고, 미국 독립전쟁 당시의 장군들도 대체로 긴 머리에 구레나룻을 하고 있었다는 거예요. 남자는 머리가 짧아야 한다거나 수염은 비위생적이라는 생각은 잘못됐다는 거죠.

판결문에서 가장 중요한 대목은 이런 거예요. "복종을 위한 복종을 가르치는 건 가치가 없으며, 누구나 안전과 청결, 예절에 대한 고려와 충돌하지 않는다면 그가 선택한 방식으로 개인적 권리를 행사할 수 있도록 하는 게 건전한 가르침"이라고 했거든요. 어른이나 사회 구성원이 보기에 불편하고 동의하기 힘들더라도 학생들의 두발 선택권은 미국 헌법이 보장한 권리이므로 학생들에게도 보장해야 한다는 거였죠.

우리나라는 어떨까요?

얼마 전에 조희연 서울시교육감이 중고생들에게 전면적인 두발 자유를 허용하는 방안을 추진하겠다는 발표를 했는데요. 미국에 비하면 한참 늦은 거죠. 헌법이 규정한 표현의 자유는 다른 사람의 권리를 침해하는 게 아니라면 다수 의견과 다르거나 거부감을 일으킨다는 이유로 금지하거나 처벌할 수 없어요. 학생이라고 해서 헌법이 정한 기본권을 침해받아서는 안 된다는 거죠. 말로 표현하건 몸으로 표현하건, 그건 오로지 당사자의 자유의지에 따라야 하고, 국가는 그런 표현을 금지하거나 간섭하는 게 아니라 보호해야 할 의무가 있다는 걸 잊지 말아야 해요.

==================== 생각해 보기 ====================

1. 학생들이 국가의 정책에 대해 집단으로 의사 표현을 하는 것에 대해 어떻게 생각하나요?

2. 여러분의 학교에는 학생들의 표현의 자유가 어느 정도 있으며 개선할 점은 무엇인지 찾아 보세요.

3. 사상과 표현의 자유에 예외가 없어야 하는 이유는 무엇일까요?

9

법

법은 항상 공정해야 한다.
그래서 법이나 정의를 상징하는 여신상이
저울을 들고 있는 건 어디에도 치우치지 않는
공평함을 잃지 말라는 뜻을 담고 있다.

【 법 】

"이번 시간에는 우리가 올 1년 동안 학급에서 지켜야 할 규칙들을 정해 봅시다."

학년 초가 되면 많은 교실에서 담임 선생님이 이런 말을 하는 걸 들어 볼 수 있을 거예요. 그런 다음 지각을 하면 어떤 벌을 줄 것인지, 수업 시간에 떠들거나 수업을 방해하면 어떻게 할 것인지 등에 대한 토의를 진행해서 학급 규칙을 정하게 되겠지요. 그런데 만일 학급 규칙을 정해 놓고 아무도 안 지키거나 어겨도 정해 놓은 벌칙을 적용하지 않으면 어떻게 될까요? 아마 그 학급은 1년 내내 엉망이 되고 말 거예요. 수업에 들어오는 선생님들마다 "이 반은 왜 이렇게 질서가 없어? 완전히 난장판이군." 하면서 고개를 절레절레 흔들지도 몰라요. 흔히 하는 말로 무법천지가 따로 없는 반이 될 테고, 그러다 보면 규칙을 잘 지키는 학생들만 손해를 보는 상황이 발생하게 될 거예요.

학급에 학급 규칙이 있다면 학교에는 교칙 혹은 학칙이라는 게 있기 마련이죠. 이런 규칙들도 넓은 의미에서 보면 법에 해당해요. 그리고 위에 예를 든 상황 속에 법과 관련해서 이야기할 대부분의 내용이 들어 있어요.

법은 어떤 성격을 가지고 있을까?

법은 우선 사회규범에 속해요. 사회가 있는 곳에는 반드시 법이 있어요. 사회는 많은 사람들이 모여서 이룬 집단이잖아요. 그런데 사람마다 생각이 다르고, 그에 따라 각자의 이해관계 때문에 서로 충돌하고 다투는 경우가 많이 발생해요. 그런 분쟁을 해결하기 위해서는 법이 필요해요.

사회규범에는 법뿐만 아니라 종교, 도덕, 관습 같은 것도 해당해요. 법이 없는 사회에서도 도덕이나 관습에 의해 사회가 유지될 수는 있어요. 이런 것들이 사람들로 하여금 나쁜 행위를 하지 못하도록 하는 역할을 하니까요. 하지만 법은 도덕이나 관습과 다른 점이 있어요. 차이점이 뭘까요?

두 번째로 등장하는 게 법은 강제규범이라는 거예요. 도덕은 지키지 않아도 처벌을 받지 않지만 법은 지키지 않으면 제재를 받게 돼요. 이럴 때 제재를 가하는 주체는 국가이고, 그만큼 강제성이 강해요. 그 나라의 국민이기를 포기하지 않는 한 피하거나 도망갈 방법이 없어요. 군대 가기 싫어서 병역법을 피해 대한민국 국적을 버리고 다른 나라 국적을 얻는 경우가 있잖아요. 그럴 경우에는 법도 어쩔 도리가 없긴 해요. 다만 그런 사람은 도덕적으로 엄청난 비난을 받겠지요. 이런 게 바로 법과 도덕의 차이점이에요. 법에는 걸리지 않아도 도덕에는 어긋나는 경우를 흔히 볼 수 있어요. 습관적으로 욕을 하거나 사소한 거짓말을 잘하는 친구들이 있잖아요. 그 친구를 도덕적으로는 비난할 수 있지만 법으로 처벌할 수는 없어요. 이번에는 반대의 경우를 생각해 볼까요? 초등학교 입학 시기가 됐는데 학교를 안 보내는 건 도덕과는 관련이 없어요. 학교 안 보내고 집에서 직접 가르치겠다고 할 수도 있으니까요. 하지만 의무교육법에 따라 부모는 자녀를 일정한 나이가 되면 학교에 보낼 의무가 있어요. 따라서 반드시 지켜야 하고, 안 그러면 벌금을 내는 등의 법적 처벌을 받게 돼 있어요.

세 번째로 법은 행위규범이에요. 행위규범이란 무엇을 하거나 하지 못하도록 지시하는 걸 뜻해요. 사회 구성원으로서 개인이 지녀야 할 행동의 기준을 정해 주는 거라고 할 수 있겠네요. 도덕이나 관습 역시 행위규범에 속하는데, 법은 그걸 법률 조항으로 명확하게 규정하고 있다는 점에서 달라요. 어떤 잘못을 했다 하더라도 만일 그 행위를 처벌할 수 있는 법률 조항이 없다면 처벌할 수 없어요. 그리고 행위가 아닌 것들, 즉 생각만 가지고는 처벌할 수 없어요. 실제로 행동에 옮겼을 때만 처벌할 수 있는 게 법이 지닌 원칙이에요.

네 번째로 법은 조직규범이에요. 법을 집행하기 위해서는 이를 담당하는 조직과 기구가 구성되어 있어야 해요. 검찰과 법원 같은 조직이 있어야 법률 위반 여부에 대한 판단을 할 수 있으니까요. 유죄 판결을

대한민국 사법부 최고기관인 대법원의 내부 모습

받은 사람을 가둘 수 있는 교도소도 있어야 하고요. 법만 있고 그런 조
직과 기구를 갖추지 않으면 있으나 마나 한 법이 되겠지요.

법이 갖춰야 할 조건에는 어떤 게 있을까?

　　　　　　　　　　　　　　　　다음으로 법이 갖춰야 할 조
건이 있다면 어떤 것들일까요? 독일의 법철학자 구스타프 라트브루흐
(Gustav Radbruch)라는 사람이 말한 바에 따르면, 법은 정의, 합목적성, 법
적 안정성을 갖춰야 해요.
　정의란, 법이 정의를 실현하는 방법이나 수단이 되어야 한다는 거예
요. 법이 오히려 불의를 부추기면 법의 존재 이유를 상실한 거나 마찬
가지겠죠. 합목적성이란 법이 합리적인 목적에 맞아야 한다는 거예요.

이때의 목적이란 당연히 국민 전체의 이익에 맞아야 하고 공공의 가치를 추구할 수 있는 방향을 지니고 있어야 해요. 법이 특정한 집단에만 유리하게 되어 있다면 그건 올바른 법이라고 할 수 없어요. 그래서 법이나 정의를 상징하는 여신상이 저울을 들고 있는 건 어디에도 치우치지 않는 공평함을 잃지 말라는 거예요. 마지막으로 법적 안정성은 사람들이 법을 믿고 생활할 수 있도록 명확해야 하며 쉽게 변경할 수 없어야 한다는 걸 말해요. 법률 조항이 모호하거나 너무 자주 바뀌면 혼란스럽잖아요. 그리고 법은 실제 시행이 될 수 있도록 만들어야 하고, 일반인의 상식에도 어긋나지 말아야 해요. 안 그러면 법을 지키려는 사람이 드물 거예요.

"저 사람은 법이 없어도 살 사람이야."라고 말하는 걸 들어 본 적이 있죠? 그만큼 착한 사람이란 건데, 모든 사람이 그와 같을 수는 없잖아요. 그래서 법이 필요한 거예요. 사실 법이 많으면 그만큼 신경 써야 할 게 많기 때문에 불편해요. 차가 안 다닐 때 도로를 마음대로 건너가고 싶어도 도로교통법에 걸리면 벌금을 물어야 하잖아요. 청소년보호법에 있는 셧다운제도 때문에 16세 미만의 청소년들은 밤새도록 게임을 하고 싶어도 심야 시간에는 제한을 받아야 하고요. 이런 것들을 생각하면 마음에 안 드는 법은 없애 버리고 싶기도 할 거예요. 그렇지만 법을 없애거나 새로 만드는 건 쉬운 일이 아니에요. 법은 사회 구성원들에게 미치는 영향이 크기 때문에 신중하게 접근해야 해요.

악법은 고쳐야 하는 법이다

여러분은 혹시 학교생활을 하면서 교칙이 불합리하다고 생각한 적이 있나요? 가령 날이 추운데도 외투를 못 입게 한다든가, 머리 염색을 하고 싶은데 교칙에서 허용하고 있지 않아 불만스럽다든가 하는 점들이 있을 수 있지요. 때로는 교칙을 공평하게 적용하지 않는다고 여길 때도 있을 테고요. 공부 잘하는 학생은 교칙을 어겨도 눈감아 주거나 약한 처벌만 내린다면 이해하기 어려울 거예요. 그럴 때는 어떻게 해야 할까요? 그냥 참고 말아야 하는 걸까요? 루돌프 폰 예링이라는 사람이 "법은 권리 위에 잠자는 자를 보호하지 않는다."라는 말을 했어요. 자신의 권리는 자기가 나서서 찾아야 한다는 말인데요. 법은 우리를 보호해 주기도 하지만 때로는 우리의 권리를 침해하거나 자유를 억압하기도 해요. 그래서 잘못된 법에 대해서는 고칠 것을 요구하고, 제대로 된 법이 없으면 만들어 달라고 해야 해요. 그게 민주시민이 누려야 할 정당한 권리라고 할 수 있어요.

소크라테스가 "악법도 법이다"라는 말을 했다고 하는데, 문헌에 따르면 소크라테스가 그런 말을 했다는 기록이 없어요. 누군가 법의 중요성을 강조하기 위해 지어낸 말일 거예요. 방금 말한 것처럼 악법은 반드시 고쳐야 하는 법이에요. 과거에는 법이 주로 왕이나 지배 계층이 백성들을 자신들의 뜻대로 움직이도록 하는 역할을 했어요. 그래서 자신들 마음대로 법을 정한 다음 무조건 지키라고 강요했지요. 하지만 민주주의가 발전한 지금은 그렇게 일방적인 법을 만들지 못하도록 하고 있어요. 국회의원들에게 법 제정의 권한을 준 건 국민의 요구를 반영한 법을 만들라는 거고, 안 그러면 다음 선거에서 표를 주지 않는 방법으로 심판할 수 있어요. 법이 정의의 편에 설 수 있도록 하는 건 결국 국민이 얼마나 깨어 있느냐에 달려 있는 셈이에요.

생각해 보기

1. 법이 공평하게 잘 지켜지고 있다고 생각하나요? 그렇지 않은 경우가 있다면 무엇 때문일까요?

2. 법을 만들 때 중요하게 고려해야 할 사항들이 있다면 어떤 것들일까요?

3. 만일 법을 만들 권한이 주어진다면 어떤 법을 만들고 싶은가요?

10

윤리와 도덕

법은 최소한의 영역에서만
개인의 행동에 간섭해야 한다.
윤리와 도덕을 지탱하는 힘은
개인의 양심과 사회적 비난 혹은
칭찬으로부터 나온다.

【 윤리와 도덕 】

할아버지 한 분이 전철 안에서 혀를 차며 이렇게 중얼거립니다.

"세상이 참 말세야, 말세! 요즘 젊은것들은 어른에게 자리 양보도 할 줄 모르니 말이야."

흔히 들을 수 있는 말이죠. 할아버지가 쓴 말세라는 표현에 담긴 뜻은 세상의 종말이 다가왔다는 건데요. 할아버지가 그런 표현을 쓴 이유는 뭘까요? 아마 할아버지는 이렇게 덧붙이고 싶었을 거예요.

"윤리와 도덕이 땅에 떨어졌어. 그러니 말세가 아니고 뭐란 말인가."

할아버지의 말을 통해 알 수 있는 건 사람이 살아가는 사회에서 윤리와 도덕이 매우 중요하며, 그러한 기준이 무너지면 세상이 망할 수 있다는 거겠죠. 할아버지의 말이 아니라도 인간 사회에서 모든 사람이 윤리와 도덕을 지켜야 한다는 정도는 모두 알아요. 그래서 학교 교과 과정에 도덕 시간을 편성해 놓고 가르치기도 하잖아요.

아래 표에 나타난 것처럼 나이가 많아질수록, 그리고 해가 갈수록 윤리의식이 낮아지는 걸 알 수 있어요. 돈이 최고라는 가치관이 청소년 사이에도 널리 퍼져 있기 때문이에요.

사회규범에는 무엇이 있을까?

사회를 유지하기 위해서는 모든 구성원이 정해진 규칙이나 질서를 잘 따르도록 해야 해요. 사람들은 누구나 안정된 상태에서 살고 싶어 하고, 그런 상태를 유지시켜 주는 질서가 있어야 한다고 생각해요. 그렇지 않고 사회가 무질서하다면 미래를 예측하기 힘들고 불안하잖아요. 그래서 만든 규칙이나 질서를 사회규범이라고 하는데, 사회규범에는 보통 관습, 윤리, 법의 세 가지가 있다고 이야기를 해요. 법은 명문화된 법조문으로 만들어 놓고 지키지 않으면 처

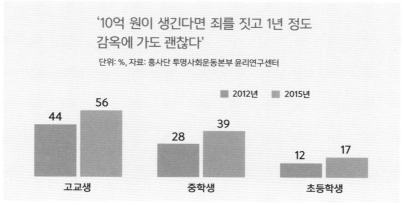

청소년 정직지수 조사 결과(출처: 흥사단)

벌을 하잖아요. 그에 반해 관습이나 윤리는 그런 조항이 없는 대신 사람들 사이에 정해 놓은 사회적 약속 같은 거예요. 그중 관습은 어떤 사회 속에서 오랫동안 지켜 내려온 질서나 풍습을 말해요. 나라마다 인사법이 다르고 결혼이나 장례 풍습도 차이가 있잖아요. 그런 게 관습이라고 할 수 있죠. 관습은 선악이나 옳고 그름보다는 익숙한 생활양식이나 태도를 공유함으로써 집단의 동질성을 확인하는 차원에서 의미가 있어요. 이쪽 사회와 저쪽 사회를 구분할 때 관습의 차이를 들어 설명하는 경우가 많아요. 그에 반해 윤리는 옳고 그름을 분명히 따진다는 면에서 관습과는 달라요. 그래서 윤리를 정의할 때 보통 '사람이 사람과 함께 살아가면서 마땅히 취해야 할 도리'라고 말해요. 가령, 누군가 굶고 있는 모습을 보고 외면하는 건 인간의 도리가 아니라고 말할 때, '인간의 도리'가 바로 윤리에 해당하는 거죠.

윤리와 도덕이라는 말은 거의 같은 뜻으로 사용하지만 엄밀히 따지면 약간의 차이가 있어요. 도덕이 개인적인 차원에서 옳다고 믿는 행동을 가리킬 때 주로 사용한다면 윤리는 사회적 차원에서 지켜야 할 도리를 말할 때 주로 써요. 의사나 생명과학자들이 지켜야 할 생명윤리, 정치인들이 지켜야 할 정치윤리, 기업인들이 지켜야 할 기업윤리, 특정 직업에 속한 사람들이 지켜야 할 직업윤리가 있다고 말을 하잖아요. 이것들을 생명도덕, 정치도덕, 기업도덕, 직업도덕처럼 표현하면 어색한 게 그런 이유 때문이지요. 하지만 인간이라면 반드시 지켜야 할 덕목이라는 점에서 본다면 둘 사이에 근본적인 차이는 없어요.

윤리와 도덕을 지켜야 하는 이유

　　　　　　　윤리나 도덕을 지켜야 할 이유는 무엇일까요? 그건 사회 속에서 함께 살아가는 사람들이 모두 똑같이 존엄성을 가진 존재이기 때문이에요. 나의 존엄성을 보장받고 싶으면 우선 남의 존엄성을 인정하고 보장해 주어야 해요. 그런 신뢰 관계가 깨지면 사회가 유지될 수 없겠죠. 윤리나 도덕에 어긋나는 행동을 하면 누가 뭐라고 하기 전에 자신이 먼저 양심의 가책을 받아요. 거짓말을 하고 나면 마음이 찜찜하고 불안하잖아요. 법을 지키지 않아도 비슷한 감정을 느끼긴 하지만, 다른 사람 눈에 안 띄고 운이 좋아 법망을 피하면 안도의 숨을 쉬기도 해요. 나쁜 짓을 해도 안 걸리면 된다는 식의 사고가 형성될 수 있다는 거죠.

　그래서 독일의 철학자 칸트는 도덕에 있어 자율적 의지를 강조해요. 어떤 행동을 자율적인 의지에 따라 한 게 아니라면 비록 도덕을 준수한 결과가 나왔다 하더라도 그건 진정한 도덕적 행위라고 볼 수 없다는 건데요. 이런 예를 들어 볼 수 있을 거예요. 남에게 폭력을 가하는 건 나쁜 행위라는 스스로의 판단에 따라 폭력을 쓰지 않으면 도덕적 행위인 거고, 남에게 폭력을 가하면 법에 걸려서 처벌을 받기 때문에 그런 이유로 폭력을 안 쓰면 그건 도덕적 행위가 아니라 법을 준수하는 행위일 뿐이라는 건데요. 도덕은 불법이냐 합법이냐의 차이가 아니고 자율적이냐 타율적이냐 하는 차이로 기준을 삼아야 한다는 거예요.

　인간의 모든 행위를 자율에 맡기면 법이 필요없겠죠. 그게 안 되기 때문에 도덕 외에 법이란 걸 만들어서 시행하고 있다고 할 수 있어요. 타율로라도 강제를 해서 사회의 질서를 잡을 필요가 있기 때문인데요. 그렇더라도 법은 최소한의 영역에서만 개인의 행동에 간섭해야 해요. 앞에서 예를 든, 젊은이들이 노인에게 자리를 양보하느냐 마느냐는 법의 영역이 아니라 도덕의 영역이에요. 자리를 양보하지 않더라도 법에 의해 처벌받지는 않아요. 그런 부분까지 법으로 다스리려 한다면 한이 없겠죠. 거짓말하는 것, 남 흉보는 것, 불쌍한 사람 그냥 지나치는 것도 모두 나쁜 행위잖아요. 이런 모든 행위까지 법으로 다스리려 한다면 서로가 서로를 감시하고 처벌하는 경찰국가가 되고 말 거예요. 대신 도덕적으로 나쁜 행위를 하면 사회적 비난을 받게 돼요. 개인의 양심과 사회적 비난 혹은 칭찬이 윤리와 도덕을 지탱하는 힘이 되는 셈이죠.

당위 규범이면서 실천 규범이다

윤리와 도덕을 당위 규범이라고도 해요. 당위라는 건 마땅히 그래야 한다는 건데요. 그래서 윤리와 도덕을 실천하는 규범은 항상 명령의 형태를 띠게 돼요. 명령은 다시 두 가지로 나뉘는데요. '하라'와 '하지 마라', 즉 선행은 베풀고 악행은 하지 말라는 식이죠. 해야 할 것과 하지 말아야 할 것을 구별하는 데서 도덕의식이 싹튼다고 할 수 있겠네요. 윤리와 도덕을 지키기 어려운 이유가 여기 있어요. '하라'에 해당하는 건 대체로 하기 싫거나 귀찮은 것들이고, '하지 마라'에 해당하는 것들은 대체로 하고 싶은 유혹이 강한 것들이

거든요. 다리를 다쳐 목발을 짚고 다니는 친구의 가방을 들어 주는 일은 내가 육체적으로 힘든 일이잖아요. 반면에 친구를 놀리거나 거짓말로 함정에 빠뜨리는 일은 재미있거든요. 그래서 도덕적 행위를 끌어내기 위해서는 적절한 칭찬과 제재가 따라 주어야 해요.

또한 윤리와 도덕은 실천 규범이기도 해요. 생각으로 이루어지는 게 아니라 실천을 통한 결과로 증명이 된다는 거죠. 아무리 착한 마음을 지니고 있다고 해도 그게 행동으로 이어지지 않으면 도덕적이지 못한 거예요. 마음속으로 착한 생각을 갖고 있는지 아닌지는 아무도 알 수 없으니까요. 누가 위험에 빠졌을 때 안타까운 눈길을 보내는 건 쉽지만 직접 나서서 돕거나 구해 주는 건 어려운 일이잖아요.

시대 흐름에 맞는 도덕의 확립이 필요하다

윤리와 도덕도 시대에 따라 변해요. 조선 시대만 해도 남편을 잃은 여자가 다른 남자를 만나 결혼하는 건 비도덕적인 행위라고 지탄받았어요. 지금 기준으로 보면 그걸 막는 게 오히려 비도덕적인 행위가 되겠죠. 이렇게 전통적인 윤리와 근대사회의 윤리가 충돌하는 경우가 많아요. 그래서 항상 시대에 맞는 새로운 도덕 윤리를 세우는 게 요구되는 거죠.

여기서 경계해야 할 건 사회를 지배하는 세력이 도덕을 악용할 수 있다는 건데요. 도덕을 앞세워 새로운 사상의 도입이나 세상의 변화를 가로막기도 해요. 도덕을 너무 엄격하게 적용할 경우 숨 막히는 사회가 될 수 있어요. 어른이 하는 말에는 순종하는 게 바른 자세라는 걸 강조하면서 그에 빗대어 국가가 하는 일에는 무조건 따라야 한다는 식으로 강요할 수도 있다는 거죠. 그럴수록 개인의 자율적 의지가 도덕의 근본이라는 사실을 잊지 말아야 해요. 나아가 개인이 도덕심을 발휘하지 못하도록 하는 사회구조가 있다면 그런 것부터 바로잡아야 해요. 할 말은 하는 게 예의에 벗어나는 건 아니기도 하니까요.

생각해 보기

1. 개인의 모든 행동을 법으로 규정하고 처벌한다면 어떤 현상이 벌어질까요?

2. 사회의 윤리나 도덕을 한 개인이 정할 수 없는 이유는 무엇 때문일까요?

3. 윤리나 도덕은 시대에 따라 변하기도 하는데, 과거에 통용되던 윤리나 도덕 중 지금 시대에 맞지 않는 것은 어떤 게 있을까요?

11

인권

인권은 어떠한 경우에도 거래의 대상이 되거나,
다른 사람에게 양도되거나, 박탈당해서는 안 된다.
설령 국가라 할지라도 이러한 인간의 기본적인
권리를 빼앗을 수는 없다.

【 인권 】

태어날 때부터 지니게 된 권리

수업 시간에 선생님이 학생들에게 질문을 합니다.

"인간이 가장 기본적으로 누려야 할 권리를 뭐라고 부를까요?"

학생들 입에서 이구동성으로 인권이라는 대답이 나왔어요. 그러자 선생님이 다시 물었어요.

"그렇다면 그 기본적인 권리에는 어떤 것들이 있는지 말을 해 봅시다."

이번에는 학생들 입에서 무척 다양한 대답들이 나왔어요. 무시당하거나 차별받지 않을 권리부터, 누구든지 행복하게 살 권리, 굶어 죽지 않을 권리, 개인의 자유를 침해받지 않을 권리, 폭력을 당하지 않을 권리 같은 것들이었지요. 어떤 학생은 하고 싶지 않은 걸 하지 않을 권리라는 말도 했고요. 인권이란 이 모든 것들을 포함하는 거예요. 한마디로 말하자면 사람이 사람답게 존재하고 살아갈 수 있는 권리를 인권이라고 해요.

혹시 천부인권이라는 말을 들어 보았나요? 인권이란 태어날 때부터 하늘에서 내려준 권리이기 때문에 누구도 침해할 수 없다는 건데요. 다른 말로 하면 절대적 권리라고도 할 수 있어요. 그래서 인권은 어떠한 경우에도 거래의 대상이 되거나, 다른 사람에게 양도되거나, 박탈될 수 없어요. 설령 국가라 할지라도 이러한 인간의 기본적인 권리를 빼앗을 수는 없어요. 물론 헌법과 법률이 규정한 특정한 상황에서 일부 제한을 할 수는 있지요. 죄를 지었을 때 감옥에 가둠으로써 신체의 자유를 일시적으로 정지시키는 게 그런 예에 해당할 거예요. 하지만 그렇다고 해서 함부로 때리거나 굶겨서는 안 돼요. 모욕적인 언사로 수치심을 주어서도 안 되고요. 그건 전쟁 포로들을 대할 때도 마찬가지예요.

인권은 어떤 특성을 지닐까?

인권은 어떤 특성을 지니고 있을까요?

첫째, 인권은 보편성을 지니고 있어요. 이 말은 모든 인간이 똑같이 누려야 하는 권리라는 뜻이에요. 신분이나 지역, 인종, 종교, 기타 정치 문화적 배경에 상관없이 동일한 기준을 적용해서 인권을 보장해야 한다는 거지요. 부자나 권력자라고 해서 거지나 노예보다 특별히 다르거나 더 많은 유전자를 가지고 태어난 건 아니니까요.

둘째, 인권은 고유성을 지니고 있어요. 이 말은 인간으로 태어났기 때문에 본래부터 지니게 되는 권리라는 뜻이에요. 누가 인정해 주거나 베풀어 주는 게 아니라는 거죠. 인간의 존엄성을 무엇보다 우선해야 할 이유가 여기에 있어요.

셋째, 인권은 항구성을 지니고 있어요. 이 말은 태어나서 죽을 때까지 보장받아야 하는 권리라는 뜻이에요. 어린이라고 해서 인권을 무시해서는 안 되고, 정신 질환에 걸렸거나 늙어서 치매에 걸렸다는 이유로 권리를 정지시킬 수는 없어요.

넷째, 인권은 불가침성을 지니고 있어요. 다른 사람은 물론 국가도 개인의 인권을 침해할 수 없다는 뜻이에요. 앞서 말한 것처럼 죄인이라 할지라도 국가가 마음대로 인권을 짓밟을 수는 없어요. 그래서 강압 수사나 고문을 해서는 안 되는 거고, 교도소도 최소한 인간이 생활할 수 있는 환경을 제공해야 하는 거예요.

흉악범에게도 인권은 있다

간혹 사람들이 흉악범에게 무슨 인권이 있느냐는 말을 하는데요. 이런 말은 인권의 기본 개념을 모르고 하는 말이에요. 처벌하지 말자는 게 아니라 그 과정에서 인권 침해를 해서는 안 된다는 거예요. 처벌이 보복의 수단이 되어서는 안 된다는 거죠. 우리나라는 사적 처벌을 금지하고 있어요. 누가 내 가족을 해쳤을지라도 직접 범인을 찾아가서 응징해서는 안 되고, 반드시 법에 의해서만 처벌을 받도록 해야 한다는 거예요. 안 그러면 보복의 악순환이 일어날 테고, 그렇게 되면 사회는 혼란에 빠지고 말기 때문이에요. 그 과정에서 서로 인권을 파괴하는 일들이 벌어질 테고요. 피해자가 받은 피해를 가해자에게 똑같이 되갚아 준다고 해서 피해자의 인권이 충족되는 건 아니잖아요. 따라서 범죄자의 인권 보호와 피해자의 인권 보호는 서로 관계가 없는 별개의 문제이고, 피해자의 권리는 다른 방법으로 구제를 받도록 해야 해요. 범죄자의 인권을 박탈하는 게 아니라 법을 통해 처벌함으로써 자신의 죄를 뉘우치도록 하는 게 문명화된 현대 사회에서의 규율이라고 할 수 있어요.

인권은 언제 탄생했을까?

그렇다면 이런 인권 개념은 언제부터 생겨났을까요? 과거에는 지금과 같은 인권의 개념이 없었어요. 유교 사회에서도 민본주의(民本主義)라는 게 있기는 했는데요. 백성이 나라의 근본이 되어야 한다는 말이죠. 그래서 백성을 먼저 생각하고 위하는 왕이 훌륭한 왕이며, 그런 정신을 바탕으로 나라를 이끌어가야 한다고 했어요. 하지만 그건 왕이 백성에게 은혜를 베풀어 주는 형태라고 할 수 있잖아요. 만일 착한 왕이 아니라 나쁜 왕이 나오면 그때는 어떻게 되겠어요? 현대의 인권이란 그런 게 아니라 태어날 때부터 가지고 나오는 거예요.

현대의 인권 개념은 영국과 프랑스 등 유럽에서 근대 시민혁명을 성공시키고, 그럼으로써 시민들의 권리를 보장하는 선언들이 나오면서 구체화되기 시작했어요. 그 후 모든 인간이 기본적으로 누려야 하는 권리로서의 인권 개념은 거스를 수 없는 시대의 흐름이 되었어요. 마침내 1948년 12월에 열린 제3차 국제연합총회에서 〈세계인권선언〉을 채택하게 돼요. 선언문은 앞부분에서 인권이 세계의 자유와 정의와 평화의 기초라는 걸 분명하게 밝혔으며, 보장받아야 할 인권의 내용으로 생명권, 행복추구권, 평등권, 신체의 자유, 양심과 종교의 자유 등 인권과 관련한 대부분의 내용을 담았어요. 세계인권선언에 담긴 내용들이 각 나라에서 만드는 헌법과 법률에 반영이 되기 시작했는데, 인권에 대한 일종의 국제적 기준이 된 셈이죠.

인권침해를 당하면 어디로 찾아가야 하나?

우리나라는 해방 후에도 인권에 대한 개념이 희박한 편이었어요. 헌법은 잘 만들었지만, 제대로 지키지 않은 탓이 커요. 특히 군사정권 시절에는 정권에 반대하거나 해가 된다는 이유로 수많은 사람들을 잡아 가두고 고문하는 바람에 인권탄압국이라는 오명을 얻기도 했어요. 그러던 우리나라도 오랜 논의를 거쳐 2001년 11월에 국가인권위원회를 만들었어요. 정부의 간섭을 받지 않는 독립기구의 성격을 지니고 있으며, 누구든 인권 침해를 받았다고 생각되면 국가인권위원회에 제소해서 시정을 요구할 수 있고, 조사 결과에 따라 구제받을 수 있어요.

사람을 품다
인권을 담다

사람이 사람답게 사는 세상
국가인권위원회가 함께합니다

인권전담 독립 국가기관인 국가인권위원회의 홈페이지 화면

국가기관만이 아니라 국제인권단체인 앰네스티의 한국지부도 있고, 시민들이 자발적으로 만든 인권센터나 상담소 같은 곳들도 있어요. 자신의 권리는 스스로 찾는 것이라고 할 때, 이런 기관들이 있다는 걸 알고 인권이 침해당했을 때 적극적으로 활용할 필요가 있어요.

이 정도면 이제 우리나라도 인권이 보장된 나라라고 할 수 있을까요? 과거와 비교하면 상당히 나아진 건 분명하지만 아직도 인권의 사각지대에 놓여 있는 사람들이 많아요. 특히 장애인과 성소수자들 같은 사회적 약자들에게는 더욱 인권의 손길이 부족한 편이에요. 군대에서의 인권 침해도 여전히 근절되지 않고 있는 상태이고요. 장애인들도 마음 놓고 대중교통을 이용할 수 있는 조건을 만들어 주는 것, 성소수자들이 자신의 성정체성을 밝혀도 비난과 차별에 시달리지 않는 사회적 환경을 만드는 것들이 필요해요. 말로만 인권을 외칠 게 아니라 이런 사람들이 처한 조건을 돌아보며 함께 손잡고 어울려 살 수 있는 사회를 만들어야 해요. 그러기 위해 필요한 법이나 제도가 요구되면 함께 외칠 수도 있어야 하고요.

헌법과 법률이 아무리 훌륭해도 그건 인권을 보장하기 위한 필요조건일 뿐, 현실을 바꿔 내기 위한 충분조건은 되지 못해요. 모든 국민이 실제로 인권을 보장받도록 하기 위해서는 내 인권은 내가 지킨다는 마음으로 출발해서 다른 사람의 인권까지도 관심을 갖고 보호해 줄 수 있어야 해요. 인권은 그 어떤 가치보다도 앞서는 고귀함을 가지고 있으니까요.

생각해 보기

1. 죄인이나 흉악범에게도 인권을 보장해 주어야 하는 이유는 무엇인지 말해 보세요.

2. 본인의 인권이 침해당했다고 느낄 때 할 수 있는 행동에는 어떤 것들이 있을까요?

3. 내가 다른 사람의 인권을 보호하고 지켜 주어야 하는 이유는 무엇일까요?

12

학생 인권

학생에게 공부가 중요한 건 맞지만,
공부에 모든 것을 종속시켜서는 안 된다.
스스로 공부할 수 있는 힘을 길러 주는 게 중요하고,
공부에 열중해야 하는 신분이라는 이유로
인권을 제한하는 것은 타당하지 않다.

【 학생 인권 】

학교는 인권친화적인 공간인가?

        앞 장에서 인권은 보편성과 고유성을 지니고 있다고 말했는데요. 인간이라면 어느 집안에서 태어나고 어떻게 자랐든 일단 태어나는 순간부터 인권을 지니게 된다는 거였잖아요. 인권은 모든 사람에게 적용되는 개념이라는 건데, 거기서 굳이 학생만 따로 떼어서 학생 인권을 이야기해야 하는 이유는 뭘까요?

  여러분은 혹시 학생이라는 이유로 인권 침해나 차별을 받아본 경험이 있나요? 여러분이 가장 많은 시간을 보내는 학교는 여러분의 인권을 충분히 보장해 주고 있다고 생각하나요, 아니면 그렇지 못한 곳이라고 생각하나요? 체벌 금지 정책으로 인해 학교에서 공식적으로 체벌이 사라진 지는 꽤 됐어요. 일부 학교에서 아직도 체벌을 하는 교사가 있다는 소문이 들려오긴 하지만요. 어쨌든 학교가 많이 변했고, 학교 관리자나 교사 들이 갖고 있는 학생들의 인권에 대한 인식도 달라졌고요. 하지만 과거에 비해 나아졌다는 거지 학교가 여전히 인권친화적인 공간이라고 말하기는 어려워요.

학생이 인격의 주체로 대우받지 못하는 이유는 어디에 있을까요? 가장 많이 듣는 말이 아마 "너희는 아직 학생이잖아."라든지, "학생이 어떻게 그런 생각이나 행동을 할 수 있어?"와 같은 말일 거예요. 이 말을 뒤집으면 아직 정신적으로 미숙하고 판단력이 부족한 어린 학생이라는 거죠. 그렇기 때문에 어른들의 보호를 받아야 하고, 어른들이 시키는 대로 따라와야 한다고 강요하는 상황이 벌어지는 거예요. 아주 틀린 말은 아닐지라도 학생들 입장에서는 수긍하기 어려운 지점도 있을 거예요. 내 뜻대로가 아닌 어른들의 뜻대로만 움직여야 한다면 자율적인 인간이라고 하기 어렵잖아요.

교육단체나 청소년단체에서 학생들이 학교에서 당하는 인권 침해 사례를 조사해서 발표한 내용들을 보면 아직 많은 부분에서 학생 인권이 제대로 보장받지 못하고 있음을 알 수 있어요. 그중에는 야간자율학습 시간에 물을 세 번 이상 마시러 가지 못하도록 한 학교도 있었어요. 심지어 고3 학생들은 입시 공부에 매달려야 할 시기라면서 도서관에서 책을 대출하지 못하도록 하는 학교도 있었고요. 체벌이나 두발 단속만 인권을 침해하는 게 아니라 이런 모든 게 인권을 침해하는 거예요.

전라북도교육청 학생인권조례 선포식

학생인권조례

　　　　　몇 년 전부터 지역 교육청별로 학생인권조례라는 걸 만들
어서 시행하고 있어요. 2010년에 경기도 교육청이 제일 먼저 만들어서
공포했고, 이어서 2011년 광주, 2012년 서울, 2013년에는 전라북도에
서 제정을 했어요. 조례라는 건 법령 바로 아래 단계로 지방의회에서
제정해서 시행하도록 되어 있어요. 교육청이 조례안을 제출하면 지방
의회에서 심의해서 통과시켜야 하는데, 이 과정에서 통과가 안 되기도
해요. 지방의회 의원들이 학생 인권에 대해 관심이 없거나 소극적이어
서 그런 측면도 있지만 일부 단체에서 통과시키지 못하도록 압력을 가
하기 때문이기도 해요. 그렇다면 반대하는 사람들은 어떤 문제 때문에
그런 걸까요?

　　그전에 우선 학생인권조례는 어떤 내용을 담고 있는지부터 알아 보

는 게 순서일 것 같군요. 교육청별로 약간의 차이는 있지만 대부분 다음과 같은 내용을 담고 있어요.

- 차별받지 않을 권리
- 위험과 폭력으로부터 자유로울 권리
- 정규교과 이외의 교육활동의 자유
- 두발, 복장 자유화 등 개성을 실현할 권리
- 사생활의 비밀과 자유 및 정보에 대한 권리
- 양심·종교의 자유 및 표현의 자유
- 소수 학생의 권리 보장

이러한 권리가 실현될 수 있도록 하기 위해 교육청 아래 학생인권위원회를 두고 위원 중에는 반드시 학생 대표도 참여하도록 했어요. 학생이 자신의 권리를 침해당했다고 생각하면 언제든 학생인권위원회에 신고해서 시정 및 구제 요청을 할 수 있어요.

학생 인권과 교권은 대립적일까?

이번에는 학생인권조례를 반대하는 사람들의 말을 들어 볼까요? 반대하는 이유는 여러 가지가 있지만 두드러지는 것 몇 가지만 볼게요. 우선 학생들에게 지나치게 많은 자유를 주면 학습에 소홀해지거나 교권을 침해할 수 있다는 거예요. 학생에게 공부가 중요한 건 맞지만, 공부에 모든 것을 종속시킬 수는 없어요. 스스로 공부할 수 있는 힘을 길러 주는 게 중요하고, 공부에 열중해야 하는 신분이라는 이유로 인권을 제한하는 것도 타당하지 않아요. 그런 식이라면 온갖 이유를 만들어서라도 모든 국민의 인권을 제한하려 들 수 있어요.

학생 인권과 교권은 대립되는 개념이 아니에요. 학생의 인권을 제한하면 교권이 올라가고 학생 인권을 보장하면 교권이 내려갈까요? 간혹 학생에 의한 교사 폭행 사건 등을 들어 학생인권조례 탓이라고 하는 사람들이 있는데, 둘 사이에 명확한 연관성을 따지기는 어려워요. 오히려 우리 사회가 그동안 상호존중의 문화를 충분히 정착시키지 못해서 그랬다고 볼 수 있지 않을까요? 그래서 학생인권조례에는 "학생은 인권을 학습하고 자신의 인권을 스스로 보호하며, 교사 및 다른 학생 등 다른 사람의 인권을 침해하여서는 아니 된다."라는 조항을 두고 있어요. 이 사람의 인권과 저 사람의 인권이 다를 수는 없어요. 인권은 누구에게나 똑같이 적용되는 가치를 지니고 있다는 기본적인 사실을 늘 염두에 두어야 해요.

학생인권조례와 성소수자 문제

이런 문제보다 더 심각한 게 일부 기독교 단체에서 주장하는 내용인데요. 학생인권조례가 성소수자를 보호한다는 이유로 동성애를 조장하기 때문에 안 된다는 거예요. 문제 삼고

있는 조항을 직접 보고 나서 이야기해 봅시다. 경기도 학생인권조례에
나오는 조항이에요.

> **제5조(차별받지 않을 권리)** ① 학생은 성별, 종교, 나이, 사회적 신분, 출
> 신 지역, 출신 국가, 출신 민족, 언어, 장애, 용모 등 신체조건, 임신 또는
> 출산, 가족 형태 또는 가족 상황, 인종, 피부색, 사상 또는 정치적 의견,
> 성적 지향, 병력, 징계, 성적 등을 이유로 정당한 사유 없이 차별받지 않
> 을 권리를 가진다.

여기서 문제가 되는 건 '성적 지향'이라는 문구예요. 동성애라는 낱말
은 어디에도 없고, 개인이 가진 성적 지향성에 대해 좋다 나쁘다를 판
단하고 있지 않아요. 다만 성적 지향을 가지고 차별을 하면 안 된다는
건데요. 가령 여학생이 여학생을 좋아하거나 남학생이 남학생을 좋아
한다는 이유로 징계 등을 하면 안 된다는 거예요. 간섭할 수 있는 문제
가 아니라는 건데요. 이 문제에 대해서는 여러분이 판단을 해 보세요.
친구들과 토론 주제로 삼아도 좋겠고요.

학교 밖 청소년들의 인권

지금까지 학생 인권에 대해 이야기했지만, 청소
년 중에는 학생이 아닌 친구들도 있어요. 어쩔 수 없이 학교를 못 다니
는 친구들도 있고, 경우에 따라 자발적으로 학교를 떠난 친구들도 있

어요. 오로지 학생이 아니라는 이유만으로 그런 친구들이 받는 차별도 많아요. 요즘은 청소년들도 아르바이트를 많이 하잖아요. 아르바이트 청소년들은 당연히 작성해야 하는 근로계약서를 작성하지 않거나, 최저시급에 미치지 못하는 임금을 받기도 해요. 2017년에 제주 특성화고 현장 실습생이 음료 공장에서 일하다 사고를 당해 사망한 사건도 있었어요. 학교 밖 청소년들의 인권에 대해서도 함께 생각해 보는 시간을 가지면 좋겠어요.

생각해 보기

1. 인권은 누구에게나 똑같이 적용되는 권리인데 특별히 학생 인권을 강조하는 이유는 어디에 있을까요?

2. 자신이 속해 있는 지역의 학생인권조례 내용을 찾아 보고, 아직 제정되어 있지 않은 지역은 어떻게 하면 제정할 수 있을지 생각해 보세요.

3. 학교 밖 청소년들의 인권을 위해 어떤 일을 할 수 있을지 생각해 보세요.

13

동물권

동물 보호가 인간의 이익을 포기하지 않는 선에서
동물을 다루는 방식에 제약을 가하는 거라면,
동물권은 동물 고유의 권리를 지켜 주어야
한다는 것을 뜻한다.

【 동물권 】

두 친구가 이런 대화를 나누고 있었어요.

"엄마가 겨울 됐다고 오리털 파카를 사 주셨는데, 무척 따뜻해."

"오리털 파카보다는 거위털 파카를 입어줘야지. 거위털이 훨씬 가볍고 따뜻하거든."

그러자 지나가던 다른 친구가 끼어들어서 이렇게 말하는 거예요.

"너희들 오리나 거위의 털을 어떻게 뽑는지 직접 보면 그런 말 못 할 거야."

어리둥절한 표정을 짓는 두 친구를 보면서 이렇게 덧붙였대요.

"오리나 거위의 털을 뽑을 때 산 채로 뽑는대. 누군가 너희들 머리털을 당겨서 뽑는다고 생각해 봐. 얼마나 아프겠니? 오리나 거위는 태어난 지 10주부터 털을 뽑기 시작하는데, 6주 간격으로 일생 동안 최대 15회까지 뽑는다는 거야. 털 뽑는 장면을 영상으로 봤는데, 오리와 거위들의 비명 소리가 정말 끔찍했어."

그 말을 들은 친구들은 그때부터 오리털이나 거위털로 된 파카를 벗어 버렸을까요? 그렇진 않았을 거예요. 그렇게 동물이 불쌍하면 삼겹살이나 치킨은 어떻게 먹느냐는 항변이 먼저 나왔겠죠. 인간이 동물을 잡아먹고, 동물의 털이나 가죽으로 옷을 만들어 입기 시작한 역사는 너무 오래됐고, 그게 인간의 생존을 위해 당연한 일이라고 생각해 왔으니까요. 심지어 집에서 기르던 개도 여름철 복날이 되면 몸보신을 한다는 이유로 잡아먹곤 했잖아요.

동물에게도 감정이 있다

옛날이라고 해서 동물을 사랑하고 살아 있는 모든 생명체를 존중하는 마음이 없었던 건 아니에요. 특히 불교에서는 살생을 금했을 뿐만 아니라 스님들은 고기를 안 먹었으니까요. 하지만 동물에게도 그들 고유의 권리가 있다는 생각까지는 갖고 있지 않았어요. 사람에게 인권이 있다면 동물에게는 동물권이 있다는 주장이 나온 건 비교적 최근의 일이에요.

동물을 학대해서는 안 된다는 법률이 처음 나온 건 1822년 영국 하원에서 제정한 마틴 법이라고 해요. 법안의 정식 명칭은 '가축동물의 부당한 취급 방지를 위한 법률'로, 말이나 소에 대한 학대를 금지하는 내용을 담았어요. 아직 야생 동물들에 대해서는 관심이 미치지 못했을 때이지요. 그 후 여러 나라에서 동물을 보호하는 법안들을 만들었는데, 우리나라는 1991년 5월 31일에 동물보호법을 제정해서 공포했어요. 다른 나라들에 비해서는 무척 늦은 편이고, 아직도 일반인들의 인식은 동물 보호라는 차원에서 크게 나아가지 못하고 있는 편이에요.

　여기서 잠깐 동물 보호라는 개념과 동물권이라는 개념의 차이에 대해 생각해 봅시다. 동물 보호라는 개념은 말 그대로 동물이 안전하게 생활하면서 살아갈 수 있도록 해 주는 걸 말한다면 동물권은 동물도 인간과 마찬가지로 생명을 가진 존재이므로, 그들의 권리를 지켜 주어야 한다는 거예요. 이 지점에서 많은 사람들이 인간과 동물이 어떻게 같을 수 있느냐는 반론을 펴기도 해요. 이에 대해서는 동물이 사람처럼 말을 하거나 생각할 수 있는 건 아니지만 감정을 지닌 존재라는 점을 주목해야 한다고 말해요. 감정 중에서도 특히 고통을 느낄 수 있다는 점을 중요하게 바라보아야 한다는 거죠.

동물 차별은 인종 차별과 다른가?

　　　　　　　우리나라의 동물보호법 제2조에서도 "동물이란 고통을 느낄 수 있는 신경체계가 발달한 척추동물"이라고 규정하고 있거든요. 동물 보호가 인간의 이익을 포기하지 않는 선에서 동물을 다루는 방식에 제약을 가하는 거라면, 동물권은 동물 고유의 권리를 지켜 주어야 한다는 건데요. 동물권을 주장하는 사람들은 동물을 위해 인간의 이익을 포기할 수도 있어야 한다는 데까지 나아가기도 해요. 모피, 즉 동물 가죽으로 된 옷을 입어서는 안 된다거나 동물을 자연 상태가 아닌 좁은 동물원에 가두어두는 건 안 된다는 주장들이 그런 맥락에서 나온 거죠. 이런 부분이 커다란 차이점이라고 할 수 있을 거예요.

동물권을 다룬 최초의 책은 1892년에 솔트가 지은 『동물의 권리(Animals' Rights)』예요. 당시로서는 파격적인 내용들을 담았지만 크게 주목받지는 못했어요. 그로부터 오랜 세월이 지나 1975년에 윤리학자 피터 싱어라는 사람이 『동물 해방(Animal Liberation)』이라는 책을 내면서 본격적으로 동물권이라는 개념이 퍼져 나가기 시작했어요. 이 책에서 피터 싱어는 즐거움과 고통을 느낄 수 있는 존재인 동물을 인간의 필요에 따라 마음대로 이용하고 학대하는 건 성 차별이나 인종 차별과 같은 성격을 지니고 있다고 주장했어요. 나아가 동물을 때리거나 죽이는 사람만 학대하는 게 아니라 고기를 즐겨 먹는 사람들도 동물 학대의 주범이라는 얘기까지 하고 있어요. 그러면서 식용 고기를 얻기 위해 동물을 집단으로 사육하는 방식을 바꿀 것을 주문하기도 했지요. 이런 주장들은 당연히 많은 논란을 일으켰지만 동물권을 주장하는 사람들에게는 필독서나 다름없는 책이 되었어요.

공장식 사육의 문제

현대에 들어와 가축을 사육하는 방식을 보면 피터 싱어의 말을 흘려들을 수 없어요. 공장식 사육이라는 말이 있듯이 가축들을 최대한 좁은 공간에 몰아넣어서 기르는 건 가축들에게는 엄청

전세계적으로 시행되고 있는 〈전국 동물권의 날(The National Animal Rights Day)〉 운동의 공식 슬로건

난 고통일 거예요. 여러분은 양계장에서 닭 한 마리가 차지하는 공간이 얼마쯤 될 거라고 생각하나요? 닭 한 마리에게 주어진 공간이 A4 용지 한 장 크기도 안 된다면 믿을 수 있을까요? 돼지농장은 또 어떨까요? 돼지들은 한 마리씩 쇠창살로 가로막은 틀 안에서 생활하는데, 크기가 60cm×220cm예요. 몸을 뒤틀기도 힘든 공간이지요. 그런 사육 환경에서 동물권이 어쩌고 하는 건 너무 사치스러운 말에 지나지 않을지도 몰라요.

　요즘은 동물권이라는 말과 함께 동물 복지라는 말도 쓰는데, 공장식 사육 환경에서 벗어나 여유 있는 활동을 제공함으로써 동물답게 살아갈 수 있도록 환경을 만들어 주어야 한다는 거예요. 그렇지 않고 밀집된 공간에서 대량으로 사육을 하다 보니까 AI라고 하는 조류인플루엔자와 구제역이 발생해서 가축들이 한꺼번에 떼죽음을 당하고, 병원균의 확산을 막기 위해 대량으로 살처분을 하는 비극이 발생하는 거예요. 동물에게도 불행한 일이지만 인간들에게도 심각한 고민을 안겨 주고 있는 문제예요.

동물의 입장에서 바라보고 생각하기

동물권이라고 할 때는 포괄하는 범위가 무척 넓어요. 우리나라에도 얼마 전부터 동물권을 내세우며 활동하는 단체들이 생겨났는데, 아직은 유기견을 구출해서 돌보는 활동 같은 초보적인 단계에서 멀리 나아가지 못하고 있어요. 동물 학대와 관련해서 가장 심각한 건 가축을 공장식으로 사육하는 문제와 함께 각종 실험용으로 동물을 이용하는 거예요. 의학 실험은 물론 화장품이 인체에 미치는 영향을 알아 보기 위해서도 신제품을 만들면 동물들에게 먼저 부작용 여부를 실험한다고 해요. 이렇게 실험용으로 쓰이다 죽는 동물의 숫자는 상상을 초월할 정도예요. 미국 한 나라에서만 실험용으로 사용됐다가 죽는 각종 동물의 수가 7억 마리 이상이라고 하니까요. 일본은 1,200만 마리, 프랑스는 360만 마리가 죽어가고, 우리나라는 2011년 통계에 따르면, 166만 마리가 실험용으로 사용되었다고 해요. 이렇게 무분별하게 동물들을 실험용으로 사용하는 것에 대한 문제 제기가 있었는데, 세포나 인공 피부를 이용한 실험, 컴퓨터 시뮬레이션으로 활용하는 기법 등 얼마든지 다른 방식으로 실험을 할 수 있다는게 동물권을 주장하는 사람들의 입장이에요.

옛날에는 집에서 기르는 개들을 똥개라고 하거나 검둥이 혹은 누렁이 등으로 부르다 애완견이라는 명칭을 만들어 쓰기 시작했어요. 그러다가 최근에는 동반자로 함께 살아가는 동물이라는 차원에서 반려견이라는 말을 만들어 쓰고 있잖아요. 그만큼 동물에 대한 인식이 많이 바뀌기는 했지만 여전히 인간 중심의 사고가 남아 있어요. 사람의 입장에서 바라보고 생각하는 게 아니라 동물의 입장에서 바라보고 생각하는 관점의 변화가 필요하지 않을까요? 나아가 동물권을 지켜 주기 위해 실천할 수 있는 방안들을 찾아 보는 것도 필요하겠고요.

〈세계 동물 권리 선언〉의 전문(前文)
유네스코 제정(1978년)

- 생명은 하나다. 모든 생명체는 하나의 조상에서 다양한 종으로 분화되어 왔다.
- 모든 생명체는 천부적 권리를 가지고 있으며, 신경계통이 있는 모든 동물은 특별한 권리를 가지고 있다.
- 천부적 권리에 대한 경멸 혹은 무지는 심각한 자연 파괴와 동물에 대한 죄악을 초래한다.
- 인류가 다른 동물의 권리를 인식할 때 우리는 다양한 생명체와 공존할 수 있다.
- 인간이 동물을 존중하는 것은 인간이 다른 인간을 존중하는 것과 다르지 않다.

1. 가축을 살처분하는 비극을 막기 위해서는 어떻게 해야 할까요?

2. 동물이 말을 할 수 있다면 인간에게 어떤 말을 가장 해 주고 싶을까요?

3. 동물을 존중하는 마음을 기르기 위한 방법에 어떤 것들이 있을까요?

14

노동자와 노동조합

지금은 우리가 하루에 8시간 노동하는 게
당연한 것 같지만, 그런 노동조건이 저절로 생겨난 게
아니라 노동자들이 오랫동안 힘들게 투쟁해서 얻어낸
결과라는 사실을 잊지 말아야 한다.

【 노동자와 노동조합 】

학교에서 만나는 선생님에게 "선생님도 노동자예요? 노동자는 공장에 다니는 사람들만 가리키는 말 아닌가요?" 가끔 이렇게 묻는 학생들이 있어요. 결론부터 이야기하면 선생님도 노동자가 맞아요. 왜 그런지에 대한 설명은 잠시 미루고 다른 얘기부터 시작할게요.

5월 1일이 무슨 날인지 알고 있나요? 쉬는 날이 아니니 잘 모를 수도 있겠네요. 달력을 보면 '근로자의 날'이라고 되어 있을 거예요. 정부에서 정한 법정기념일이지요. 그래서 이날 노동조합이 있는 대부분의 회사나 공장은 휴무일로 정해서 쉬도록 하고 있어요. 하지만 학교와 관공서는 그날도 정상근무를 해요. 법정기념일이긴 하지만 법정휴일은 아니기 때문인데요. 교사들과 공무원들도 노동조합이 있는데 그런 차이가 생긴 건 무엇 때문일까요? 그건 다른 공장이나 회사에서는 노동조합이 사용자와 단체교섭을 통해 휴무일로 정했기 때문이에요. 교사 노동조합이나 공무원 노동조합은 아직 그런 내용의 단체교섭을 체결하지 못했어요.

근로자와 노동자의 차이

노동조합 운동을 하는 사람들은 '근로자의 날'이라는 명칭 대신 '노동절' 혹은 '메이데이'라고 불러요. 이런 명칭의 차이가 생긴 이유를 알아 보기 전에 근로자와 노동자라는 낱말의 뜻부터 알아 봅시다. 표준국어대사전에서는 두 낱말을 이렇게 풀이하고 있어요.

- **근로자:** 근로에 의한 소득으로 생활을 하는 사람.
- **노동자:** 노동력을 제공하고 얻은 임금으로 생활을 유지하는 사람. 법 형식상으로는 자본가와 대등한 입장에서 노동 계약을 맺으며, 경제적으로는 생산 수단을 일절 가지는 일 없이 자기의 노동력을 상품으로 삼는다.

두 낱말의 차이가 느껴지나요? 근로자라고 할 때의 근로는 단순히 일을 한다는 뜻만 지니고 있어서 자신의 가게를 운영하거나 농사를 짓는 일들까지 모두 포함해요. 그에 반해 노동자는 뜻풀이에 나와 있는 것처럼 남에게 노동력을 제공하고 임금을 받는 사람을 말해요. 그러니까 월급을 받는 사람은 모두 노동자라고 할 수 있어요. 노동자라고 하면 흔히 공장에서 일하는 사람만 떠올리는 경우가 많은데, 박사 학위를 가지고 연구원으로 일하는 사람이나 대학교수들도 월급을 받는 처지이기 때문에 노동자의 범위에 들어가요. 실제로 그런 사람들의 노동조합이 존재하고 있고요. 노동은 육체노동과 정신노동을 함께 아우르고 있기 때문이에요. 이제 교사가 왜 노동자에 포함되는지 알겠죠?

노동조합 탄생의 역사

유럽에서 산업혁명이 일어나고 수많은 공장들이 생기면서 노동력이 많이 필요했어요. 그러다 보니 하루에 15시간 이상 일하는 장시간 노동을 강요하고, 어린 아동들까지 노동자로 고용해서 일을 시켰어요. 제대로 휴식을 취할 수 있는 환경도 제공하지 않고 임금도 너무 적게 주는 바람에 노동자들은 말 그대로 비참한 생활을 해야 했지요. 산업혁명 초기에는 이렇게 노동자들이 노예나 다름없는 처

노동절의 유래가 된 시카고 헤이마켓 사건을 묘사한 그림(출처: 〈Harper's Weekly〉 1886년 5월 15일 자)

지에 놓여 있었어요. 견디다 못한 노동자들이 노동시간 단축과 노동조건 향상 등을 요구하며 공장주에게 항의하기 시작했고, 그 과정에서 생겨난 게 노동조합이에요. 스스로 생존권을 지켜야겠다는 절박함이 노동자들을 뭉치게 했어요.

지금은 우리가 하루에 8시간 노동하는 게 당연한 것 같지만, 그런 노동조건이 저절로 생겨난 게 아니라 노동자들이 오랫동안 힘들게 투쟁해서 얻어낸 결과라는 사실을 잊지 말아야 해요. 처음에는 공장주들이 노동자들의 요구를 들어 주지 않았겠죠. 노동자들에게 더 많은 일을 시키고 임금을 적게 주어야 자신들의 이익이 그만큼 늘어나니까요. 그러자 노동자들이 기계를 멈추기 시작했어요. 자신들이 일을 안 하면 공장이 안 돌아가고, 그러면 공장주는 돈을 벌 수가 없잖아요. 노동자들이 기계를 멈추면 공장주는 가혹한 매질을 하거나 경찰을 동원해서 감옥으로 보내기도 했어요. 그럴수록 노동자들의 반발이 심해지면서 끝없는 대립이 이어지자 공장주들도 어느 정도 노동자들의 요구를 들어주는 게 자신들에게도 이익이라는 판단을 하게 되었어요. 그러니까 노동조합은 공장주와 노동자들 간에 이루어진 타협의 산물인 셈이에요.

메이데이-노동자 단결의 날

이제 노동절 혹은 메이데이에 대해 알아 볼 차례군요. 노동절은 미국의 노동운동에서 비롯됐어요. 1886년 5월 1일, 시카고에서 노동자들이 하루 8시간 노동을 요구하며 총파업을 선포하고 시위를 했어요. 이날 노동자들의 집회를 막기 위해 경찰이 총을 쏘는 바람에 어린 소녀를 포함한 노동자 6명이 사망하게 돼요. 그러자 분노한 노동자 30만 명이 다음날 헤이마켓 광장에 모여 경찰의 만행을 규탄하는 시위를 벌였지요. 그런데 시위 도중 갑자기 폭탄이 터졌고, 이를 빌미로 경찰은 집회를 주도한 노동운동가들을 체포해서 5명에게 사형을 선고해요. 하지만 7년이 지난 다음에 노동운동 지도자들을 잡아들이기 위해 자본가들이 일부러 사건을 조작했다는 사실이 밝혀졌어요.

이어서 1889년 7월, 파리에서 프랑스혁명 100주년을 기념해서 열린 제2인터내셔널(유럽을 중심으로 결성한 국제 노동운동 조직) 설립대회에서 미국의 헤이마켓 사건에 대한 보고가 있었어요. 그런 다음 미국 노동자들의 투쟁을 이어받기 위해 1890년 5월 1일을 '노동자 단결의 날'로 정해서 8시간 노동의 쟁취를 위해 세계 각국에서 동시에 시위를 하기로 결의를 하게 돼요. 이때부터 노동절이 시작된 것이고, 5월 1일이라는 날짜에 맞춰 메이데이라고도 부르게 됐어요.

노동조합의 권리에는 어떤 것이 있을까?

노동자라면 누구나 노동조합을 만들고 가입할 수 있어요. 노동자들에게 주어진 가장 기본적인 권리이기 때문에 누구도 노동조합 활동을 방해하거나 가로막을 수 없어요. 하지만 우리나라의 현실은 노동자와 노동조합에 대해 그리 관대한 편이 못 돼요. 노동조합은 노동자들의 권리와 이익을 추구하는 단체이고, 반면에 정부와 자본가는 노동자들의 요구를 들어 주고 싶어 하지 않아요. 자신들의 이익이 침해당한다고 여기기 때문일 테고, 그래서 가능하면 노동조합의 활동을 가로막거나 위축시키려고 하지요. 그 결과 우리나라는 다른 나라들에 비해 노동조합 가입률이 무척 낮아요. 전체 노동자 중에서 노동조합에 가입한 노동자의 비율이 2016년 기준으로 10.3%에 불과하거든요. 유럽의 여러 나라에서는 경찰도 노동조합을 만들어 활동할 수 있도록 허용하고 있는 상황과 비교해 보면 상당히 커다란 차이가 있어요.

노동조합에게 주어진 권리는 단결권, 단체교섭권, 단체행동권 세 가지가 있어요. 단결권은 누구든지 자유롭게 노동조합을 만들 수 있는 권리이고, 단체교섭권은 노동자 대표가 사용자 대표와 대등하게 만나 노동자들의 권익과 관련한 협상을 할 수 있는 권리예요. 만일 협상이 결렬되면 노동조합은 파업을 통해 실력 행사를 하게 되는데, 이게 바로 단체행동권이에요. 세 가지 모두 노동조합법에서 보장하고 있는 권리예요.

지하철 노동조합이 파업을 하면 지하철을 이용하는 사람들은 불편을 겪게 되잖아요. 그러다 보면 왜 파업을 하게 됐는지 이유를 알아 보기 전에 파업 자체를 비난하는 여론이 일어나기도 해요. 하지만 지하철 노동조합이 파업을 하는 건 그들의 고유한 권한이고, 그들의 근무조건이 나아지면 지하철 사고가 지금보다 덜 일어날 수 있어요. 시민의 안전을 위해서는 당장의 불편을 참을 수도 있어야 하고, 결국은 그게 모두의 이익이 될 수 있어요.

학교에서 노동 관련 법에 대한 교육을 강화할 필요가 있어요. 왜냐하면 대부분의 학생들이 나중에 사회에 나가면 노동자로 살아가게 될 테니까요. 그랬을 때 자신들의 권리를 어떻게 행사해야 하는지 알고 있어야 하잖아요. 더구나 요즘은 청소년들도 아르바이트를 많이 하기 때문에 노동법을 잘 알아야 부당한 일을 당하지 않고 정당한 노동의 대가를 받을 수 있어요.

생각해 보기

1. 노동조합이라고 하면 어떤 생각이 먼저 드나요? 그런 생각을 갖게 된 이유를 말해 보세요.

2. 우리나라 노동조합 가입 비율이 다른 나라에 비해 낮은 이유는 무엇 때문일까요?

3. 만일 아르바이트를 하는데 사업주가 임금을 적게 주거나 부당한 대우를 하면 어떻게 대응해야 할까요?

15

난민

난민이란 인종, 종교, 국적 또는 특정 사회집단의
구성원 신분 또는 정치적 견해 등을 이유로 박해를
받을 우려가 있다는 충분한 근거 있는 공포로 인하여
자신의 국적국 밖에 있는 자로서, 국적국의 보호를
받을 수 없거나 또는 그러한 공포로 인하여 국적국의
보호를 받는 것을 원하지 아니하는 자를 의미한다.

【 난민 】

2015년 터키의 바닷가에서 엎드려 죽은 채 발견된 세 살배기 아기의 사진이 전 세계로 퍼지면서 많은 사람들의 가슴을 아프게 했어요. 우리나라 사람들도 함께 눈물을 흘리며 슬퍼했는데, 아마 그 사진을 기억하는 친구들이 있을 거예요. 시리아 내전 때문에 자신의 나라를 떠나 배를 타고 다른 나라를 향해 가다 배가 뒤집히는 바람에 희생을 당한 그 아기의 이름은 아일란 크루디예요.

제주도를 찾아온 예멘 사람들

그로부터 3년이 지나 561명의 예멘 사람들이 역시 내전을 피해 제주도에 상륙하자 그때와는 다른 분위기가 형성됐어요. 예멘 난민들이 한국인들에게 해를 끼칠 수도 있으니 난민으

터키의 바닷가에서 숨진 채 발견된 아일란 쿠르디

로 받아 주지 말고 추방해 달라는 청원에 수십만 명이 동참했거든요. 난민이 다른 나라로 가는 건 괜찮지만 우리나라로 들어오는 건 안 된다는 걸 어떻게 받아들여야 할까요? 예멘 사람들이 대부분 이슬람교를 믿는 사람들이고, 이슬람은 IS와 같은 테러 단체와 연결되어 있기 때문에 위험하다는 생각을 가진 사람들이 많아요. 그런 공포심이 이해되지 않는 건 아니지만 이슬람교를 믿는 사람들이 모두 IS 대원은 아니고, 대부분의 이슬람들은 IS의 테러 행위에 대해 반대하고 있어요.

2018년 7월 24일 자 한겨레신문에 예멘 난민 신청자인 누르라는 사람이 버스에서 67만 원이 든 지갑을 주워서 경찰서에 갖다 주었다는 기사가 실렸어요. 제주동부경찰서 오라지구대에 따르면 예멘 난민들이 분실물을 찾아 주는 선행을 한 게 네 건이고, 범죄와 관련된 신고는 한 건도 없었다고 해요. 난민들을 잠재적 범죄자로 보는 게 잘못된 선입견일 수 있다는 걸 알려 주는 기사예요.

난민은 어떤 사람들일까?

난민이란 어떤 사람들을 가리키는 말일까요? 1951년에 유엔에서 '난민의 지위에 관한 국제 협약'을 채택했는데, 거기서 규정한 난민의 개념은 아래와 같아요.

> 인종, 종교, 국적 또는 특정 사회집단의 구성원 신분 또는 정치적 견해 등을 이유로 박해를 받을 우려가 있다는 충분한 근거 있는 공포로 인하여 자신의 국적국 밖에 있는 자로서, 국적국의 보호를 받을 수 없거나 또는 그러한 공포로 인하여 국적국의 보호를 받는 것을 원하지 아니하는 자를 의미한다.

이런 규정과 함께 가장 중요한 원칙으로 내세우는 게 강제 송환 금지의 원칙이에요. 학대를 받을 이유가 있거나 또는 그런 우려가 있는 난민을 본국으로 추방하거나 강제로 돌려보내서는 안 된다는 건데요. 강제 송환은 난민의 생사가 걸린 문제이기 때문이에요.

자신의 나라에서 아무런 걱정 없이 살 수 있고 목숨의 위협을 느끼지 않는다면 굳이 온갖 고난과 위험을 무릅쓰고 다른 나라를 찾아 떠돌지는 않을 거예요. 그만큼 난민들은 절박함을 안고 자신의 나라를 떠나온 사람들이에요. 전 세계에 수천만 명의 난민이 있고, 지금도 계속 늘어나고 있어요. 여러분도 아마 텔레비전에서 하는 다큐멘터리 등을 통해 난민촌에 사는 사람들의 모습을 본 적이 있을 거예요. 비참한 생활을 하고 있는 난민들을 돕기 위해 구호 기금을 낸 친구들도 있을 거고요. 그런 게 바로 인류애라고 할 수 있지요.

정우성, 유엔난민기구 친선대사 되다

난민들을 돕기 위한 국제기구로 1949년에 창설한 유엔난민기구가 있어요. 처음에는 세계 제2차대전으로 인해 난민이 된 사람들을 구호하기 위해 한시적으로 설립한 기구인데, 그 후로도 계속 많은 난민이 발생하면서 지금까지 활동을 이어오고 있어요. 지금 세계에는 7천만 명에 가까운 난민들이 있는데, 그들의 권리와 복지를 위한 일을 하고 있고, 그런 공로를 인정받아 1954년과 1981년 두 차례에 걸쳐 노벨평화상을 받았어요.

우리나라 배우 중에 정우성 씨가 유엔난민기구 친선대사로 활동하고 있다는 걸 알고 있는 친구들이 있을 텐데요. 정우성 씨가 예멘 난민들이 머물고 있는 다른 나라들의 난민촌을 다녀와서 전해 준 얘기가 있어요. 아프리카의 지부티라는 작은 나라를 방문했는데, 그 나라는 인구가 97만 명에 지나지 않고 세계에서 가장 가난한 나라들 중 하나래요. 그런데 그 나라는 3만 명에 가까운 난민들을 보살피고 있고, 예멘 난민들도 4,500명 정도가 머물고 있대요. 그 나라의 북쪽에 있는 오복이라는 작은 항구 지역에 '마르카지'라는 난민 캠프가 있는데, 규모도 작고 주민들도 다들 가난해서 정부에서 이 캠프를 옮기려고 했다네요. 그러자 주민들이 부족하더라도 서로 나눠가며 살 수 있으니 옮기지 말아 달라고 했다는 거예요. 많은 걸 생각하게 해 주는 이야기예요.

우리나라의 난민 정책

그렇다면 우리나라가 난민을 대하는 자세는 어떨까요? 우리나라도 난민협약에 가입해 있기 때문에 난민을 받아들이고 있긴 해요. 하지만 난민을 인정하는 규정과 절차가 너무 엄격해서 지금까지 난민 인정을 받은 사람들의 수는 무척 적어요. 법무부의 출입국외국인정책본부가 해마다 난민 현황을 통계로 작성해서 발표하고 있는데요. 1994년부터 2018년 10월 31일까지 우리나라에 들어와 난민을 신청한 숫자는 46,734명이에요. 그중 5,259명이 신청을 철회했고, 심사 결정이 종료된 사람은 22,596명이에요. 그중에서 난민으로 인정받은 사람은 870명이고, 인도적 체류 허가를 받은 사람은 1,933명이고요. 둘을 합쳐도 2,803명에 지나지 않고, 불인정 판정을 받은 사람들은 19,793명이나 돼요. 이 수치를 가지고 계산해 보면 우리나라의 난민 인정률은 약 3.8%인데, 유엔난민협약에 가입한 나라들의 평균이 38%라고 하니 우리는 아직 제대로 된 난민 정책을 갖고 있지 않다고 해도 할 말이 없어요.

위에서 말한 난민 인정과 인도적 체류 허가는 어떤 차이가 있을까요? 난민으로 인정을 받으면 우리나라 국민과 같은 대우를 받아요. 그에 반해 인도적 체류 허가는 강제로 추방하면 생명과 신체에 위협을 받을 위험이 있어 말 그대로 인도적 차원에서 임시로 체류를 허용하는 거예요. 인도적 체류자는 정부의 승인을 받아서 취업할 수 있고 다른 지역으로 자유롭게 이동할 수 있지만, 1년 단위로 체류 연장을 받아야 하고 사회보장 혜택도 받을 수 없어요. 자신들의 나라에 있는 가족들을 불러들일 수도 없고요. 항상 불안한 상태로 생활해야만 해요.

난민에게도 인간의 존엄성을 보장해야 한다

난민들에게 배고픔과 추위만 덜어 주면 된다고 생각하는 사람들이 많은데요. 사람이 사람답게 살아가려면 그것만 가지고는 충분하지 않잖아요. 난민에 대한 국제적 보호는 신체적 안전 이상의 의미를 포함하고 있어요. 난민에게도 자국민과 똑같은 개인의 기본권을 보장함은 물론 언론의 자유, 거주 이전의 자유, 부당하게 차별당하지 않을 자유와 각종 사회보장제도와 의료 혜택을 주어야 해요. 난민 중에는 어린아이가 차지하는 비율이 무척 높아요. 그 아이들도 교육을 받으면서 자신의 꿈을 키워갈 수 있도록 해야 장차 자신들의 비극적인 삶에서 벗어날 수 있잖아요. 난민에게도 인간의 존엄성을 지킬 수 있도록 도와 주는 것, 그게 제대로 난민들을 대하는 자세일 거예요.

우리나라 사람들도 한때는 난민 신세로 전 세계를 떠돌았잖아요. 일제강점기에 만주와 시베리아로 간 사람들이 바로 난민이었고, 6·25 전쟁 당시에도 많은 한국인들이 살길을 찾아 낯선 나라로 가서 정착했어요. 그런 한국인들을 받아 주고 보살펴 준 사람들이 있었다는 걸 생각해 보세요. 만일 한반도에 전쟁이 난다면 우리도 난민이 될 수밖에 없다는 사실도 잊지 말아야 하고요. 더 이상 아일란 쿠르디 같은 어린 아기의 가여운 죽음이 되풀이되지 않도록, 세상의 모든 전쟁을 종식시키고 평화로운 지구를 만드는 일에 작은 힘이라도 보탤 수 있다면 더욱 좋겠지요.

생각해 보기

1. 난민을 받아들이기 꺼려하는 사회적 분위기는 어떻게 해서 생겨났을까요?

2. 난민을 줄이기 위해 세계인들이 해야 할 가장 중요한 일은 무엇일까요?

3. 난민에게도 자국민과 똑같은 기본권을 주는 것에 대한 여러분의 판단과 그 이유를 설명해 보세요.

16

소수자

—차별과 혐오

차별이 나쁜 건 절대로 자신보다 우위에 있거나
힘이 있는 사람에게는 향하지 않는다는 것이다.
차별의 칼날은 항상 자신보다 약자이거나
소수자에 속한 사람들을 향하고 있다.

스킨헤드와 네오나치

한 친구가 머리를 박박 밀고 학교에 나왔어요. 그 모습을 본 친구들과 선생님들이 무슨 일이 있었냐며 묻기도 하고, 재미 삼아 머리를 만져 보기도 했어요. 그러다 한 친구가 농담 삼아 이런 말을 던졌어요.

"어휴, 우락부락한 얼굴에 머리까지 미니까 마치 스킨헤드 같아 보인다."

그 말을 들은 친구는 우락부락한 얼굴이 더 험상궂게 변했지요. 스킨헤드라는 말에 화가 났던 거예요. 스킨헤드가 유럽에서 악명을 떨친다는 얘기는 많이 들었을 텐데요. 박박 민 머리 스타일에 검정색 상의와 청바지를 입고 거친 표정을 짓고 있는 백인 청년들을 떠올려 보세요. 섬찟하고 무서운 느낌이 들 거예요. 백인 우월주의자인 그들이 집단으로 몰려다니며 동양인이나 흑인을 집단으로 폭행했다는 얘기는 어렵지 않게 들을 수 있어요. 그들은 때로 나치 문양이 그려진 셔츠를 입거나 깃발을 들고 다니기도 하는데요. 이렇게 히틀러를 찬양하는 사람들을 신나치 혹은 네오나치라고 불러요. 히틀러가 유대인들을 대량으로 학살한 인류 최대의 범죄를 저질렀음에도 그런 인물을 떠받드는 사람들이 있다는 게 이해하기 어려울 수도 있어요. 스킨헤드나 네오나치와 같은 인종차별주의자들이 생겨난 건, 유럽으로 이주노동자들이 몰려들면서 그들에 의해 일자리를 빼앗겼다고 생각하는 청년들이 늘어났기 때문이라고 해요. 이주노동자들은 대부분 가난한 나라에서 온 유색인종일 테고, 자신들과 피부색이 다른 그들이 자신들의 몫을 빼앗아갔다고 여기는 데서 나온 분노가 과격한 테러로 이어지면서 심각한 사회 문제가 되고 있는 상황이에요.

이주노동자들에 대한 차별

우리나라도 이주노동자들이 늘어나면서 그들에 대한 차별과 혐오의 수위가 점점 높아지고 있다고 우려하는 사람들이 많아요. 인간이 다른 인간을 차별하고 혐오하는 건 분명히 잘못된 거예요. 하지만 현실은 온갖 종류의 차별과 혐오가 넘쳐나고 있다고 해도 지나치지 않을 정도인데요. 차별은 '우리'라는 울타리를 쳐 놓은 다음 '우리'와 다르다고 생각하는 사람들을 밖으로 내몰고 배제하는 데서 발생해요. '우리'와 '우리가 아닌 사람'을 가르는 기준은 무척 다양한데요. 국가인권위원회법 제2조 제3항에서는 차별을 다음과 같이 정의하고 있어요.

> 차별은 합리적 이유 없이 종교, 장애, 나이, 신분, 학력, 이미 형(刑)의 효력이 없어진 전과, 성별, 외모, 성적 지향, 인종, 신체 조건, 국적, 나이, 출신 지역, 이념 및 정견 등의 이유로 고용, 모집, 채용, 교육, 배치, 승진, 임금 및 수당지급, 융자, 정년, 퇴직, 해고 등에 있어서 특정한 사람을 우대, 배제, 구별하거나 불리하게 대우하고, 정치, 사회, 경제적으로 평등권을 침해하는 행위이다.

위 항목들을 보면서 나는 지금까지 살아오는 동안 어떤 사람도 차별하지 않았다고 자신 있게 말할 수 있는 사람이 얼마나 될까요? 흑인이나 동남아 사람들은 무시하면서 자신이 백인들에게 황인종이라고 무시당하면 화를 내는 사람들도 있어요. 자신이 받은 차별은 부당하지만, 자신이 남을 차별하는 건 그럴 만한 이유가 있어서 그런 거라고 한다면 그건 공정하지 않은 거겠죠. 그런 경우가 아니라도 무심결에 내뱉는 말들 속에 차별의식이 담겨 있는 경우가 많아요. "여자 주제에 왜 그렇게 설쳐."라고 하거나 "키도 작고 못생긴 게 왜 그렇게 나대."라고 하는 말이 얼마나 잘못된 말인지 모르는 친구들도 있어요. 유엔난민기구 친선대사인 정우성 씨의 학력을 가지고 중졸이라며 공격한 사람들도 있는데, 명백히 차별적인 발언이에요. 대학을 나와야 훌륭한 사람이고 중학교만 졸업하면 어딘가 모자란 사람이라고 여기는 것과 마찬가지니까요.

차별은 왜 소수자에게로 향할까?

차별이 나쁜 건 절대로 자신보다 우위에 있거나 힘이 있는 사람에게는 향하지 않는다는 거예요. 차별의 칼날은 항상 자신보다 약자이거나 소수자에 속한 사람들을 향하고 있어요. 이주노동자가 많이 들어왔다고 해도 자기 나라의 국민에 비해서는 수가 적잖아요. 장애인들도 비장애인들에 비해 훨씬 적은 숫자이고요. 동성애자들도 마찬가지예요. 그들은 내가 속한 '우리'라는 울타리 밖에 있는 소수자들이기 때문에 마음 놓고 공격할 수 있는 거예요.

최근에는 여성혐오와 남성혐오 문제를 가지고 남녀 간에 심각한 갈등과 대립이 벌어지고 있는데요. 숫자로만 보면 여성이 남성에 비해 소수자는 아니에요. 하지만 여성이 남성에 비해 약자인 것만은 분명해

성소수자를 위한 서울퀴어문화축제에서의 퍼레이드 모습

요. 옛날보다 많이 나아졌고, 계속 나아지고 있다고는 하지만 각종 통계를 보면 우리나라 여성들이 여전히 남성들에 비해 불이익을 받고 있다는 게 확인돼요. OECD에서 소속 국가들의 남녀 임금을 조사해서 2000년부터 발표한 통계에 따르면 우리나라는 남녀 간의 임금 격차가 약 37%로 해마다 1위에 올랐어요. 그뿐만 아니라 여성 고용률은 35개국 중 29위이고, 여성 임원 비율은 뒤에서 두 번째예요. 학교에서도 여교사 인원이 훨씬 많지만 교장이나 교감의 숫자는 남자가 많잖아요. 우리나라 내각의 장관 숫자는 또 어떨까요? 그나마 여성들의 사회적 지위가 조금씩 높아지면서 반대로 남성들이 역차별을 당하고 있다는 주장도 있지만 통계를 보면 아직도 남성 중심의 사회라는 게 드러나요. 그런 면에서 보면 여성들이 사회적 소수자에 속한다고 하는 것도 아주 잘못된 말은 아닐 거예요.

오해의 벽에 막힌 차별금지법

차별과 혐오가 증오로까지 번지지 않도록 하는 게 중요해요. 소수자가 다수자를 포용할 수는 없어요. 다수자가 소수자를 이해하고 포용하는 게 맞는 거지요. 다수자와 소수자가 서로 공존하며 살아가는 사회가 건강한 사회라는 건 누구나 공감할 거예요. 그러기 위해서는 약자와 소수자에 대한 인식을 새롭게 해야 하고, 필요하면 법이나 제도로 차별과 혐오 정서가 퍼지지 않도록 막아야 해요.

그런 필요성 때문에 몇 년 전부터 차별금지법을 제정해야 한다는 논의가 있었지만 여전히 법률 통과가 안 되고 있어요. 차별 금지 조항에 성적 지향에 따른 차별을 하면 안 된다는 내용이 들어 있다고 해서 일부 기독교 단체들이 강력하게 반대하고 있기 때문이에요. 동성애를 바라보는 시각의 차이가 매우 크다는 걸 알 수 있지요. 차별금지법이 필요하다고 하는 사람들은 동성애를 부추기는 게 아니라 그들도 똑같은 국민이므로 차별을 하지 말자는 거지만, 반대론자들은 동성애는 신의 섭리를 거스르는 일이기 때문에 '차별'의 범주에 들어갈 수 없다고 말해요. 서양에서는 동성 간의 결혼을 허용하는 나라가 많고, 미국도 2015년에 대법원에서 동성 간의 결혼을 합법화했어요. 세계적으로 보면 커다란 변화의 흐름이 이어지고 있는 셈인데, 우리나라는 아직 대부분의 성소수자들이 자신의 정체성조차 드러내지 못하는 현실에 놓여 있어요.

정확한 정보가 차별을 줄인다

차별과 혐오는 잘못된 정보에 의한 경우가 많아요. 가령 외국인 이주노동자들이 범죄를 많이 저질러서 불안하다고 하지만, 통계에 따르면 오히려 외국인 범죄 비율은 내국인에 비해 상당히 적어요. 서울대 언론정보학과 교수들이 2016년에 발표한 논문에 따르면 2008년부터 5년간 국내 발생 범죄 비율을 조사했더니 외국인 범죄자가 차지하는 비율은 평균 1.65%로 내국인 범죄자 비율인 평균 3.89%의 절반에도 미치지 않았다고 해요. 그럼에도 언론에 외국인이 저지른 범죄가 자주 실리다 보니 실제보다 위험성이 부풀려서 전달

되었다는 거예요. 이와 같은 사례에서 알 수 있듯이 객관적인 정보와 사실을 알아 보려는 노력이 필요하고, 그랬을 때 오해에서 비롯된 차별과 혐오 정서가 줄어들 수 있지 않을까요?

끝으로 혐오 표현을 접했을 때 모른 척 침묵하는 건 소수자를 더욱 고립시키는 일이 된다는 걸 잊지 마세요. 방관은 혐오 표현자에게 힘을 실어 주는 거나 마찬가지거든요.

================ 생각해 보기 ================

1. 차별이 자신보다 힘이 세거나 우월한 지위에 있는 사람에게 향하지 않는 이유는 무엇 때문일까요?

2. 같은 일을 할 때 외국인 이주노동자와 한국인 노동자 사이에 임금을 차등 지급하는 것이 옳은지 그른지 판단해 보고 그 이유를 설명해 보세요.

3. 혐오 표현을 줄이기 위해 우리가 기울여야 할 노력에 어떤 것들이 있을까요?

17

페미니즘

페미니즘이 반대하는 건 '남자'가 아니라
'남성 중심주의'이다. 남성과 여성 중 어느 한쪽이
우위에 서는 게 아니라 함께 손잡고 나란히 걸어가는
세상을 만들자는 게 페미니즘이 지향하는 정신이다.

【 페미니즘 】

저녁에 식구들이 다 같이 밥을 먹고 난 다음에 설거지는 주로 누가 하나요? 옛날에야 당연히 여자인 엄마가 하는 거라고 여겼지만 요즘은 아빠들이 하는 경우도 많아요. 그런데 혹시 이런 문제로 엄마와 아빠가 말다툼하는 걸 본 적이 있나요?

"나는 그래도 집안일을 많이 도와 주는 편이잖아."

아빠가 이런 식으로 말했을 때 눈을 흘기며 반박하는 엄마들도 있을 거예요.

"도와 주다니? 집안일은 그럼 원래 여자 몫이라는 거야? 밥도 같이 먹고, 집도 같이 어지르고, 빨랫거리도 똑같이 나오는데, 그렇다면 일도 같이해야 맞는 거잖아. 도와 준다고 말할 게 아니라 당연히 해야 할 일을 하는 거라고 말해야지."

이런 엄마가 있다면 여러분은 어떻게 생각할까요? "그래 맞아!"라고 하는 친구도 있을 거고, "우리 집에선 역시 엄마가 왕이야."라고 하는 친구들도 있을 거예요. 혹은 "우리 엄마는 페미니스트라서 그래."라고 말하는 친구도 있겠군요.

페미니즘, 여성의 입장에서 세상을 바라보다

페미니스트와 페미니즘! 이런 말이 나온 지는 꽤 됐지만 최근에는 남성 대 여성 구도로 흐르면서 많은 논란을 불러오기도 했어요. 페미니즘을 바라보는 여성과 남성의 시각에 차이가 있기 때문인데요. 페미니즘을 우리말로 바꾸면 보통 여성주의라고 해요. 당연히 여성의 입장에서 세상을 바라보는 관점을 지닐 수밖에 없지요. 인류의 역사를 돌이켜 볼 때 어느 나라를 막론하고 여성이 세상의 중심을 이룬 적은 없었어요. 세계사 책을 펼쳐서 여성이 몇 명이나 등장하는지 한 번 세어 보세요. 페미니즘은 그런 남성 중심의 역사에 대한 반발에서 비롯했어요.

페미니즘은 여성도 남성과 똑같은 권리와 기회의 평등을 누릴 수 있어야 한다는 원칙을 바탕으로 여러 활동을 펼치는 문화적, 사회적, 정치적 운동과 이론 들을 가리키는 용어예요. 페미니즘을 내세우는 사람들 사이에서도 다양한 입장 차이가 있고, 시대의 흐름에 따라 운동의 내용과 방향이 계속 변화하는 중이에요. 남성들이 보기에 온건한 페미니스트가 있는가 하면 지나치게 과격해 보이는 페미니스트들도 있어요. 우리나라에서도 최근에 메갈리아나 워마드라고 지칭되는 여성 페미니스트들이 과격한 언어로 남성 혐오를 조장한다며 비판하는 사람들이 많잖아요. 하지만 어떤 집단이든 한쪽에는 과격한 입장을 지닌 그룹이 있기 마련이고, 그들이 페미니스트 전체를 대표하는 것도 아니에요.

남녀평등을 외치는 목소리

유럽에서 여성들의 권리를 내세우는 주장이 나오기 시작한 건 계몽주의자들이 활동하던 18세기 무렵부터였어요. 처음에는 남성 계몽주의자들이 인간의 이성을 중시하고 평등사상을 내세우면서도 남성과 여성이 동등하다고는 여기지 않았어요. 일부 남성 계몽주의자들이 여성도 남성과 동등한 이성을 가지고 있다고 주장하긴 했으나 소수의 목소리에 그쳤지요. 그러다가 최초의 페미니스트라고도 불리는 메리 울스턴크래프트가 1792년에 영국에서 『여성의 권리 옹호』라는 책을 내게 돼요. 여성도 교육과 직업, 그리고 정치 영역에서 남성과 똑같은 기회를 가져야 한다는 주장을 담은 책이에요. 남녀 평등사상을 담은 목소리가 세상으로 나오기 시작한 거죠. 이때만 해도 여성들에게는 투표에 참여할 수 있는 참정권이 주어지지 않았어요. 그래서 초기의 여성운동은 주로 여성들의 참정권 획득과 더불어 여성들도 사유재산에 대한 권리를 보장하도록 하는 것 등을 주요 목표로 삼았어요.

1차 페미니즘 물결

시몬 드 보부아르와 『제2의 성』 표지

남녀평등을 주장한 초창기부터 1950년대까지를 보통 '1차 페미니즘 물결'이라고 불러요. 1차에서 2차로 넘어가는 시기에 가장 주목할 사람은 시몬 드 보부아르예요. 1949년에 『제2의 성』이라는 제목의 책을 썼는데, 이 책에 매우 유명한 구절이 나와요. "여성은 태어나는 것이 아니라 만들어지는 것이다."라는 구절인데요. 이 말은 여자는 태어난 이후부터 끊임없이 여자로서 갖추어야 할 것들을 요구받고, 그런 과정을 통해 남성들의 취향에 맞는 여성이 되어 간다는 얘기예요. 여자는 자동차 대신 인형을 갖고 놀아야 하고, 예쁜 옷을 입고 상냥한 미소를 지어야 하며, 말과 행동이 얌전해야 한다는 것들이 그런 예에 속해요. 한마디로 여자는 여자다워야 한다는 건데, 이런 '여성다움'이라는 게 실은 남성들이 만들어 놓은 이미지라는 거죠. 여성들이 이런 수동성을 벗어나 주체성을 가진 인간으로 다시 태어나야 하며, 가정의 울타리를 벗어나 사회활동을 할 수 있을 때 그냥 여자가 아니라 진정한 인간이 될 수 있다는 거예요.

2차 페미니즘 물결

～～～～

　　　　　시몬 드 보부아르의 영향을 받아 유럽과 미국에서 여성들의 권리를 주장하는 단체들이 생기면서 여성운동의 성격과 방향이 많이 바뀌는데, 1960년대부터 1980년대까지를 '2차 페미니즘 물결'이라고 해요. 그 이전에 주장했던 여성의 참정권과 사유재산권에 대한 요구는 대부분의 나라에서 받아들여졌거든요. 또한 그런 요구들은 대체로 중산층 백인 여성들을 중심으로 하는 거였어요. 그런 한계를 벗어나 새로운 주장들이 나타나기 시작했는데요. 이를테면 여성들의 노동 환경 개선과 여성에게 불리한 여러 사회제도와 정치제도를 바꾸기 위한 노력이 나타나게 되죠. 그러다 보니 때로는 정치적이면서 급진적인 구호들이 등장하기도 해요. 그러면서 여성들이 하나의 정치 세력으로 자리잡기 시작하죠.

3차 페미니즘 물결

～～～～

　　　　　1990년대 이후의 여성운동을 '3차 페미니즘 물결'이라고 불러요. 이 무렵부터 개인의 다양성과 차이를 존중해야 한다는 주장을 내세우기 시작하는데요. 그러면서 여성의 인종, 국적, 종교, 계층, 문화적 다양성에 따른 차이에 대한 관심이 늘어나게 되죠. 집단보다는 개인의 경험을 중요하게 여기는 경향을 띠고 있고, 이런 흐름을 '일상의 페미니즘'이라는 말로 부르기도 해요. 그러다 보니 동일한 주장과 흐름을 가진 페미니즘이 아니라 여러 목소리를 가진 다양한 갈래의 페미니즘이 나타나게 됐어요. 페미니스트들을 하나의 동일한 집단으로 파악하기 어렵게 된 거죠. 그 과정에서 앞서 말한 메갈리아나 워마드 같은 집단도 나타나게 된 거고요.

여기서 젠더(gender)라는 말을 살펴볼 필요가 있어요. 젠더는 생물학적으로 남성과 여성을 나눌 때 쓰는 섹스(sex)라는 말을 대체하기 위해 가져온 용어예요. 생물학적인 의미의 성(性)이 아니라 사회적인 의미의 성을 가리키는 개념이죠. 이 용어는 1995년 9월 5일 북경에서 열린 제4차 여성대회에서 공식 용어로 채택됐어요. 시몬 드 보부아르가 여성은 만들어지는 것이라고 했던 말과 통하는 것으로, 생물학적으로는 남성과 여성의 신체적 차이가 있지만 사회적으로는 차이가 없는 동등한 존재라는 걸 드러내기 위한 용어라고 할 수 있어요.

페미니즘이 반대하는 건
남성이 아니라 남성 중심주의

페미니즘은 남성 중심 사회에서 억압당해 온 여성들의 권리를 주장해 왔고, 그 결과 많은 부분에서 여성들의 지위를 높이는 데 기여했어요. 그런 과정 속에서 남성들도 자신들이 그동안 누려온 기득권이 여성들의 일방적인 희생에 의해 유지되어 온 것이라는 깨달음을 얻기도 했지요. 따라서 페미니즘은 여성뿐만 아니라 남성들에게도 각성의 기회를 제공함으로써 평등한 세상을 만드는 데 힘을 보태도록 했어요.

페미니즘이 반대하는 건 '남자'가 아니라 '남성 중심주의'예요. 남성과 여성 중 어느 한쪽이 우위에 서는 게 아니라 함께 손잡고 나란히 걸어가는 세상을 만들자는 거죠. 남자들의 입장에서는 페미니즘이 불편하게 여겨질 수도 있는데, 여성들이 페미니즘을 앞세워 남성들을 공격한다고 여기기 때문일 거예요. 하지만 공격이라고 여기는 내용들을 잘 살펴 보면 대부분 남성이 아니라 남성 중심주의에 대한 공격임을 알 수 있어요. 프랑스의 페미니스트 브누아트 그루가 "페미니즘은 아무도 죽이지 않았지만, 남성 우월주의는 매일 사람을 죽이고 있다."라는 말을 했어요. 이 말 속에도 남성이 아니라 '남성 우월주의'가 등장하잖아요. 서로에 대한 이해와 공감대를 넓힐 때 남성과 여성이 똑같이 존엄한 인간으로 세상을 살아갈 수 있을 거예요.

════════════ **생각해 보기** ════════════

1. 우리 사회에서 여성들이 남성에 비해 차별받거나 불합리한 대우를 받는 경우로 어떤 것들을 예로 들 수 있을까요?

2. 여성들은 만들어지는 존재라는 말은 구체적으로 어떤 의미를 담고 있나요?

3. 여성다움이란 어떤 특성을 말하며, 남성들이 여성들에게 여성다움을 갖추길 바라는 이유는 무엇 때문일까요?

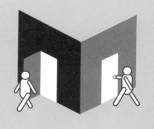

18

진보와 보수

안정과 변화 중에 어느 게 옳고 어느 게 그르다고
말할 수는 없다. 가치관의 차이를 선악의 개념으로
나눌 수는 없는 일이므로. 흔히 새는 좌우의 날개로
난다는 말처럼 진보와 보수가 서로 공존하며
경쟁하는 체제가 바람직하다.

【 진보와 보수 】

잠시 두 친구의 대화를 들어 볼까요?

"우리 아빠는 생각이 너무 보수적이야."

"어떤 면에서 보수적이신데?"

"내가 짧은 치마를 입고 다닌다고 맨날 뭐라 하시잖아."

"헐~! 어쩜 우리 아빠하고 똑같니? 어른들은 모두 왜 그럴까?"

이 대화에서 보수적이라는 말이 나왔는데, 어떤 의미로 그런 표현을 썼을까요? 보수 혹은 보수주의는 변화보다는 안정을 추구하는 걸 말해요. 그래서 과거로부터 이어져 온 전통적인 가치를 옹호하고 그러한 관념이나 행동에서 크게 벗어나지 않으려고 하는 경향이 강하죠. 예전 사람들은 여자들은 최대한 몸을 가리고 다녀야 한다는 관념을 가지고 있었어요. 조선 시대에 미니스커트란 걸 상상할 수 있었을까요? 그로부터 무척 많은 세월이 흘렀지만 여전히 그런 유교적 관점에서 크게 벗어나지 못한 사람들도 있어요. 보수주의자들은 어쩔 수 없이 변화를 택한다 하더라도 급격한 변화보다는 점진적인 변화를 원하는 편이에요. 그에 반해 진보 혹은 진보주의는 안정보다는 변화를 추구하고, 기존의 질서에서 벗어나거나 파괴하려는 경향이 강해요.

서로 다른 방향을 가리키는 진보와 보수

누가 진보와 보수의 편에 설까?

그렇다면 주로 어떤 사람들이 보수를 선택하고 어떤 사람들이 진보의 편에 서려고 할까요? 변화는 불확실성을 띠고 있어요. 좋은 쪽으로 변할 수도 있고 나쁜 쪽으로 변할 수도 있잖아요. 그래서 현재 시점에서 가진 게 많거나 특별한 불만이 없는 사람들은 아무래도 보수적인 성향을 띠게 돼요. 급격한 변화로 인해 자신이 가진 것을 잃을 수도 있다는 생각이 앞설 테니까요. 하지만 현재 상황에 만족하지 못하고 더 나은 미래를 꿈꾸는 사람들은 진보주의자가 될 가능성이 많아요.

어른들은 자신의 삶에서 이미 많은 것을 이루었어요. 만일 여러분의 아버지가 갑자기 잘 다니던 직장을 그만두고 사업을 한다고 생각해 보세요. 가족들이 불안한 마음을 갖게 되지 않을까요? 사업이 잘되면 모르겠지만 혹시 망하기라도 하면 길거리에 나앉을 수도 있잖아요. 그래서 나이 든 사람들은 웬만해선 현재의 상태를 유지하려고 하지 새롭게 다른 걸 추구하려고 하지 않아요. 더구나 지금까지 오랜 세월 살아오면서 익숙해진 생각과 행동이 있잖아요. 익숙한 걸 버리는 건 참 어려운 일이에요. 그렇지만 젊은 사람들은 앞으로 살아갈 날이 많잖아요. 그러니 이것저것 해 보고 싶고, 자신의 앞길을 가로막는 것들이 있다고 판단되면 그런 장애물을 치워 버리고 싶을 거예요. 자신의 모습까지도 변화시키고 싶어하는 게 젊은 사람들의 특성이에요. 이렇듯 대체로 나이든 사람들은 보수적인 가치관에 기울기 쉽고 젊은 사람들은 진보적인 가치관에 매력을 느끼게 되어 있어요. 이런 모습은 전 세계 사람들이 모두 같아요.

좌파와 우파라는 말의 유래

이제 정치적인 면에서의 진보와 보수에 대해 알아 봅시다. 앞서 말한 대로 보수는 가능하면 기존의 제도를 유지하려 들고, 진보는 새로운 가치를 지닌 제도를 만들고 싶어해요. 진보를 흔히 좌파라 부르고, 보수를 우파라 부르는데요. 진보와 보수를 좌우 개념으로 나누게 된 데는 유래가 있어요.

프랑스대혁명을 통해 왕정체제를 무너뜨리고 새롭게 정치무대에 등장한 세력이 있었어요. 그들을 흔히 부르주아 혹은 시민계급이라고 해요. 이들은 국민의회를 통해 혁명정신을 실현하고 새로운 질서를 바탕으로 한 국가를 만들려고 했어요. 이때 회의장의 좌석 배치가 왼쪽에는 왕정을 무너뜨리고 프랑스를 근본적으로 변화시키려는 공화파가, 오른쪽에는 기존의 왕정체제를 유지하려는 왕당파가 앉도록 되어 있었어요. 이로부터 낡은 체제를 개혁하려는 진보 성향을 지닌 세력을 좌파, 체제 유지나 점진적인 개혁을 추구하는 보수 세력을 우파라 부르게 된 거예요. 좌파와 우파 대신 좌익이나 우익으로 부르기도 해요.

정치와 경제를 바라보는 진보와 보수의 시각

　　　　　　좌파와 우파를 나누는 기준은 명확하게 딱 떨어지지 않고 시대와 나라에 따라 달라지기도 해요. 그래도 정치와 경제를 바라보는 시각을 가지고 대략 구분을 해 본다면 다음과 같은 특징들을 지니고 있어요.

　보수주의자들은 정치에 있어 지도자의 권위를 중시하고 법 질서를 강조해요. 무엇보다 안보를 최우선의 가치로 두면서 북한과의 대화보다는 언젠가는 흡수해야 할 대상으로 보기도 하지요. 경제에 있어서는 정부의 간섭을 최소화하고 시장의 자유에 맡겨야 한다는 입장을 갖고 있어요. 물건의 값과 노동자의 임금 같은 것들이 시장 안에서 자연스럽게 정해지도록 해야 한다는 거죠. 부자와 가난한 자, 강자와 약자의 차이는 어쩔 수 없는 것이며 개인의 능력으로 극복해야 할 문제라고 여기는 편이에요. 대체로 평등보다는 자유에 더 많은 가치를 부여하는 입장을 지니고 있어요.

진보주의자들은 위 입장과 대부분 반대라고 보면 돼요. 정치에 있어 권위보다는 민주적 소통을 중요시하고, 잘못된 법은 고쳐야 한다는 입장이 강해요. 북한과는 대화를 통해 평화 체제를 만드는 게 중요하다고 보고 있고요. 경제에 있어서는 시장의 자율성보다는 국가가 적절히 개입해서 부작용을 줄여야 한다고 주장하지요. 경제적 불평등을 해소하는 게 중요하고 그러기 위해서는 사회적 약자를 위한 제도와 정책을 더 많이 도입해야 한다고 말해요. 복지의 중요성을 강조하는 입장이라고 할 수 있어요. 대체로 자유보다는 평등에 더 많은 가치를 부여하는 편이에요.

새는 좌우의 날개로 난다

위에 말한 부분들 말고도 차이점이 더 있을 수 있어요. 가령 노동조합을 우호적으로 바라보느냐 부정적으로 바라보느냐 같은 것들이 그래요. 스스로 진보주의자라고 하는 사람들 중에는 사안에 따라 보수적 가치를 선호하는 사람도 있고, 반대로 보수주의자도 마찬가지예요. 안정과 변화 중에 어떤 것에 더 비중을 두느냐의 차이일 수도 있는데, 어느 게 옳고 어느 게 그르다고 말할 수는 없어요. 가치관의 차이를 선악의 개념으로 나눌 수는 없는 거니까요. 흔히 새는 좌우의 날개로 난다는 말을 하는데요. 진보와 보수가 서로 공존하며 경쟁하는 체제가 바람직하다고 할 때 많이 쓰는 말이에요.

우리나라는 6·25라는 참혹한 전쟁을 거쳤기 때문에 좌파와 우파에 대한 정의가 왜곡된 측면이 있어요. 남한에서 좌파라고 하면 북한의 공산주의 체제를 지지하는 사람으로 바라보는 견해가 퍼져 있거든요. 하지만 본래 의미의 좌파와 우파는 위에서 말한 것처럼 지향하는 가치관의 차이에 따른 것일 뿐 북한이나 공산주의와는 관련이 없어요. 그래도 워낙 좌파라는 말에 대한 거부감이 많아서 우리 사회에서는 좌파나 우파 대신 진보와 보수라는 말을 많이 쓰는 편이에요.

대한민국의 진보정당과 보수정당

민주 사회에서는 자신이 지향하는 가치를 실현하기 위한 정당을 지지하고 때로는 정당원으로 가입해서 활동하기도 하는데요. 우리나라에는 어떤 정당이 진보적인 가치를 추구하는 정당이고, 어떤 정당이 보수적인 가치를 추구하는 정당일까요? 자유한국당이 보수정당이라고 하는 데 대해서는 별다른 이견이 없어요. 하지만 더불어민주당을 진보정당이라고 보느냐 보수정당이라고 보느냐는 견해가 엇갈려요. 자유한국당 지지자들은 더불어민주당을 진보정당이라고 평가하지만, 정의당이나 녹색당 등을 지지하는 사람들은 더불어민주당 역시 자유한국당이 펼치는 정책과 큰 틀에서는 차이가 없기 때문에 보수정당이라고 말해요. 그러면서 자신들이 진짜 진보정당이라고 주장하지요.

이렇듯 진보와 보수를 가르는 기준은 상대적이어서 명확한 선을 긋기가 어려운 점이 있어요. 다만 진보와 보수가 추구하는 가치들을 서로 보완해 갈 때 균형 잡힌 사회가 될 거라 믿어요.

생각해 보기

1. 보수주의자의 장점과 진보주의자의 장점을 정리해서 설명해 보세요.

2. 우리 사회에서 가장 먼저 변화가 필요하다고 생각하는 분야가 어디인지 그 이유와 함께 말해 보세요.

3. 부모님과 대화를 하다 가치관의 차이 때문에 소통이 안 된다고 느낄 때가 있나요? 그렇다면 이유가 어디에 있는지 생각해서 말해 보세요.

19

자본주의

자본주의 사회에서 자본가 계급과 노동자 계급의 대립은
피할 수 없다. 자본가는 더 많은 잉여가치를 얻기 위해
노동자에게 많은 시간의 노동을 요구하고, 노동자는
자신들의 노동력으로 얻은 이윤을 합당한 수준에서
나눠 받기를 바라기 때문이다.

【 자본주의 】

돈이 최고 가치인 사회

"자본주의 사회에서는 역시 돈이 최고야."

이런 말을 더러 들어 봤을 거예요.

"우리나라는 정말 살기 좋은 나라야. 단, 돈만 있으면."

우스갯소리지만 이런 말을 하는 사람들도 있지요. 말 그대로 돈만 있으면 원하는 모든 걸 얻을 수 있으니 틀린 말은 아닐 거예요. 사회주의 사회에서는 기본 생활에 필요한 필수품을 배급해 주는 제도가 있어서 자본주의 사회만큼 돈이 중요하지는 않아요. 하지만 자본주의 사회에서는 "부자 되세요!"라는 인사를 주고받을 만큼 돈의 힘이 센 사회예요.

자본주의 사회에서 돈을 벌려면 어떻게 해야 할까요? 자기 사업을 하거나 직장에 들어가서 월급을 받아야겠지요. 간혹 복권을 사서 당첨되

길 바라며 일확천금을 꿈꾸는 사람도 있지만, 그 외에는 다른 방법이 없어요. 참, 복권을 사려 해도 일단 돈이 있어야 하는군요.

돈은 상품을 구입할 수 있는 수단이에요. 그렇다면 상품은 누가 생산할까요? 그리고 상품을 생산하는 사람은 어떤 목적을 가지고 생산 활동을 하는 걸까요? 이런 질문들 속에 자본주의에 대한 기본적인 내용이 담겨 있어요.

이윤을 추구하는 자본주의

자본주의의 형태가 매우 다양해서 한마디로 정확하게 정의하기는 어렵지만, 공통분모를 뽑아서 정리를 해 보면 대체로 다음과 같이 말할 수 있어요.

> **자본주의:** 생산수단을 가진 자본가 계급이 노동자 계급으로부터 노동력을 사서 생산 활동을 함으로써 이윤을 추구해 나가는 경제 구조. 또는 그 바탕 위에 이루어진 사회 제도.

앞부분은 생산 활동, 즉 상품을 생산하는 방법을 말하는 거고, 뒷부분은 생산 활동의 목적을 말하고 있어요. 목적은 바로 이윤을 추구하는 거예요. 이윤이 생기지 않으면 생산을 할 이유가 없겠죠. 자본주의는 산업혁명 이후에 생긴 경제 체제를 말해요. 산업혁명으로 인해 이전보다 생산력이 월등히 높아졌고, 그만큼 많은 이윤을 얻을 수 있게 되었어요. 자본주의 사회에서는 이윤이 무척 중요해요. 왜 그런지 쉽게 설명을 해 볼게요.

이윤을 경제학에서는 잉여가치라고도 하는데요. 잉여란 남는 것이라는 말이잖아요. 즉, 생산에 들어간 비용을 빼고 남는 걸 잉여가치라고 하는 거죠. 잉여가치를 만들기 위해서는 일단 상품을 생산해야겠죠? 그러자면 생산을 담당하는 노동자가 있어야 할 테고요. 이때 노동자가 6시간을 일해서 만든 상품의 가격이 상품 생산에 들어간 비용과 똑같다면 이윤이 남지 않을 거예요. 그렇다면 노동자를 고용한 사람, 즉 자본가는 그 이상 일을 시키려고 하겠죠. 8시간 동안 노동을 시키면 2시간 일한 만큼 이윤이 남고, 10시간 동안 노동을 시키면 4시간 일한 만큼의 이윤이 남을 테니까요. 만일 여러분이 자본가라면 노동자들에게 몇 시간의 노동을 시키고 싶어 할까요? 가능하면 많은 노동시간을 확보하려고 하지 않을까요? 그래서 『자본론』이라는 책을 쓴 마르크스는 잉여가치를 자본가가 노동자를 착취한 결과라고 정의하기도 했어요. 이에 반해 잉여가치는 노동자를 착취한 결과가 아니라 자본가가 제공한 생산수단에 대한 정당한 대가라고 해석하는 입장도 있어요. 그렇다 할지라도 정당한 대가의 범위를 어느 정도로 잡느냐 하는 건 어려운 문제예요.

자본가 계급과 노동자 계급의 대립

이처럼 견해가 갈리기는 하지만 자

본주의 사회에서 자본가 계급과 노동자 계급의 대립은 피할 수 없어요. 자본가는 공장과 기계, 즉 생산수단을 가진 사람을 말해요. 노동자는 생산수단이 없기에 자본가에게 고용되어 노동력을 제공하고 그 대가로 임금을 받아서 생활하는 사람이고요. 상품을 생산하기 위해서는 생산수단과 노동력이라는 두 개의 기둥이 필요하고, 그 둘의 소유자가 바로 자본가와 노동자인 거죠. 자본가는 더 많은 잉여가치를 얻기 위해 노동자에게 많은 시간의 노동을 요구하고, 노동자는 자신들의 노동력으로 얻은 이윤을 합당한 수준에서 나눠 받기를 바랄 거예요. 적정한 선에서 타협이 이루어지면 좋겠지만, 현실에선 그런 타협이 쉽게 이루어지지 않아요. 노동자들이 노동조합을 만들어 자본가들에게 대항하는 건 그런 현실을 반영하고 있는 거예요. 자본가와 노동자는 서로의 필요에 의해 계약을 맺은 관계라고 할 수 있고, 계약 조건은 주로 어느 쪽의 힘이 세냐에 따라 결정되곤 해요.

자본주의의 특징을 알아 볼까?

이쯤에서 자본주의의 특징을 몇 가지 정리해 볼까요?

첫째, 자본주의는 생산수단의 사유제를 바탕으로 해요. 사회주의에서는 생산수단을 국가나 사회가 소유하지만 자본주의에서는 자본가 개인이 소유하고 있어요.

둘째, 상품을 생산하는 이유는 이윤을 획득하기 위해서예요. 마을공동체를 이루어 살던 옛날처럼 함께 만들어서 함께 쓰기 위한 게 아니라는 거죠.

셋째, 그런 이유로 모든 상품에 가격이 매겨져 있어요. 상품의 가치를 결정하는 건 삶에 얼마나 필요한 물건이냐가 아니라 시장에서 팔리는 가격이에요. 인간이 생존하기 위해서는 쌀이 제일 중요하지만, 쌀값보다는 핸드폰 값이 훨씬 비싸잖아요.

넷째, 노동력이 상품화된 사회에요. 노동자들은 자신의 노동을 팔아서 그 대가로 임금을 받아 생활하잖아요. 좋은 곳에 취업하기 위해 다양한 스펙을 쌓아야 한다는 건 결국 자신의 상품 가치를 높여야 한다는 걸 뜻하는 거죠.

다섯째, 자본주의는 자유경쟁을 바탕으로 하기 때문에 생산이 무계획적으로 이루어지고 있어요. 사회가 딱 필요로 하는 만큼만 생산하는 게 아니에요. 사회가 소비할 수 있는 게 100개인데 세 개의 기업이 각각 100개씩 생산하는 경우도 생길 수 있는 거죠. 그러다 보면 무한 경쟁이 이루어지고, 경쟁에 탈락한 업체는 무너지게 돼 있어요. 기업 입장에서는 많이 팔아야 많은 이윤이 생기니까 될수록 많이 생산하려고 하겠죠. 그런 다음 어떻게든 소비를 끌어올리려고 애를 써요. 광고를 통해 사람들의 욕망을 자극하고, 같은 제품을 디자인만 바꾸어 새로운 모델을 출시하는 것도 그런 이유 때문이에요.

그러다 보면 생산과 소비의 균형이 무너질 때가 있어요. 과잉 생산에 따른 판매 부진이 이어지면 기업이 문을 닫아야 하는데, 그게 국가나 세계 차원에서 진행되면 경제공황이 발생해요. 그렇게 몇 차례 경제공

경제공황 당시 일자리를 구하러 나선 사람들

황을 겪으면서 자본주의 체제가 지닌 한계와 문제점에 대한 이야기가 많이 나왔어요. 일부에서는 머지않아 자본주의가 망할 거라는 진단까지 내놓았지만, 아직까지 자본주의는 흔들림 없이 유지되고 있어요. 그건 자본주의가 지닌 문제점을 보완하기 위한 고민과 노력이 꾸준히 이어졌기 때문이에요.

자본주의도 변하고 있다

　　　　자본주의는 발생 초기부터 지금까지 계속 변화하고 있어요. 자본주의는 기본적으로 국가의 간섭과 개입 없이 스스로 운영되도록 하는 게 바람직하다고 여겼지만, 지금은 어느 정도 국가의 개입 필요성을 인정하고 있어요. 노동자의 임금과 상품의 가격 등에 대해 국가가 나서서 정리해 주는 게 경제 안정과 발전에 도움이 되기 때문이죠. 그렇지 않을 경우 빈부격차가 심해지고 실업자가 많아지게 되어 사회가 혼란과 갈등에 빠지게 되고 다시 경제공황이 발생할 수도 있으니까요. 그래서 선진국에서는 자본가들이 생산에서 얻는 이윤을 독차지하지 않고 사회 구성원들에게 적절히 분배해 주는 복지국가의 길로 나아가고 있기도 해요.

앞으로 자본주의가 어떻게 변화할지 모르겠지만, 모든 걸 상품화하고 경쟁만 강조하는 자본주의의 폐해를 극복하고 지금보다 나은 사회를 만드는 건 우리가 어떻게 하느냐에 달려 있어요. 세상에 완벽한 제도는 없기 때문에 지속적인 개선 방법과 대안을 찾아 나가야 해요.

생각해 보기

1. 잉여가치가 자본가가 제공한 생산수단에 대한 정당한 대가라고 한다면, 정당한 대가는 어느 정도가 적당할까요?

2. 자본주의 사회에서 국가는 어떤 역할을 해야 할까요?

3. 자본주의 체제의 장점과 단점이 각각 무엇인지 정리해서 말해 보세요.

20

사회주의

사회주의는 생산수단의 개인 소유를 금하고
국가나 사회가 공동으로 소유하도록 하는 제도이다.
그래야 자본가와 노동자 간의 차이가 없어져서 서로
평등한 사회가 되고, 공동 생산과 공동 분배를 통해 서로
협동하며 살아가는 사회를 만들 수 있다고 보았다.

【 사회주의 】

소련-최초의 사회주의 국가

지구상에서 영토가 가장 넓은 나라는 어디일까요? 지구 육지 면적의 약 7분의 1을 차지하고, 한 나라 안에서도 시차가 11시간까지 나는 나라인데요. 그건 바로 러시아예요. 그런데 어른들 중에 간혹 러시아를 소련이라고 부르는 사람들이 있어요. 나라 이름이 바뀐 지 30년 가까이 되었는데도 그래요. 소련의 정식 명칭은 소비에트사회주의연방공화국이었어요. 명칭이 너무 길어서 소비에트의 '소'와 연방공화국의 '연'만 따서 소련으로 줄여서 부르게 된 거예요.

갑자기 러시아와 소련 이야기를 왜 꺼냈을까요? 소련의 본래 명칭에 '사회주의'라는 말이 들어가 있잖아요. 사회주의를 이야기하려면 소련이라는 나라를 빼 놓을 수 없어요. 세계에서 최초로 사회주의 국가를 세웠던 나라였으니까요. 1917년에 레닌을 비롯한 사회주의자들이 러시아혁명을 통해 절대 왕정 체제를 무너뜨린 사건은 20세기 세계 역사에서 가장 중요한 사건에 속해요. 지금은 소련이 해체되면서 연방에 속해 있던 우크라이나 등 여러 나라가 독립국이 되고, 연방의 중심을 이루고 있던 러시아가 소련의 역사를 이어가고 있지요. 그게 1991년의 일이에요.

공상적 사회주의

사회주의는 산업혁명 이후 생산수단을 가진 자본가들이 노동자들을 지나치게 착취하면서 불평등한 사회 구조를 만들고 있는 현실에 대한 반발로부터 출발했어요. 생 시몽, 푸리에, 오웬 등으로 대표되는 초기의 사회주의 사상을 공상적 사회주의라고 하는데요. 이들은 자본주의의 모순이 사유재산 제도에 있다고 보고, 이를 극복하기 위한 방안으로 생산수단의 공유와 협동을 통해 이상적인 사회를 만들어야 한다고 주장했어요. 하지만 이들의 주장은 이상 사회로 가기 위한 구체적인 경로를 제시하기보다는 합리적인 이성과 정의감을 가진 사람들이 주도해서 그런 사회를 만들어 가면 된다고 생각했어요.

과학적 사회주의

그 후에 등장한 마르크스와 엥겔스는 노동자 계급이

과학적 사회주의 이론을 세운
마르크스와 엥겔스 동상

혁명을 일으켜 생산수단의 사유제를 폐지해야 한다고 주장했어요. 그러기 위해서는 노동자 계급의 강력한 정치 조직과 대중 운동이 필요하다고 보았지요. 이러한 노동자 계급을 일컫는 말이 프롤레타리아예요. 혁명을 통해 프롤레타리아가 중심이 되어 생산수단을 국유화하는 사회주의 국가를 건설해야 한다는 게 그들의 주장이었고, 이러한 경로를 밝힌 자신들의 견해를 과학적 사회주의라고 불렀어요. 계급투쟁이라는 말이 여기서 나온 거예요. 사회주의로 가기 위해서는 노동자 계급이 투쟁을 통해서 자본가 계급을 무너뜨려야만 가능하다고 보았기 때문이죠.

이들의 과학적 사회주의 사상은 급격하게 퍼져 나갔고, 실제로 현실에서 나타난 게 바로 러시아혁명이에요. 그 뒤 소련의 영향으로 동유럽 쪽에서 많은 사회주의 국가들이 탄생했고, 중국과 북한을 비롯해 쿠바 등 남아메리카에서도 여러 나라들이 사회주의를 내세웠어요. 그래서 세계가 자본주의 국가와 사회주의 국가 양 진영으로 나뉘어 오랫동안 경쟁을 했지요. 그러다가 지금은 대부분의 사회주의 국가가 무너지고 중국과 북한, 쿠바 등 몇 나라만 남아 있는 상황이에요. 그런 나라들도 완벽한 의미의 사회주의 국가라기보다는 개방정책을 통해 자본주의 제도를 일부 도입해서 혼합 정책을 펼치고 있어요.

생산수단의 사유화 금지, 계획경제, 일당독재

사회주의는 생산수단의 개인 소유를 금하고 국가나 사회가 공동으로 소유하도록 하는 제도예요. 그래야 자본가와 노동자 간의 차이가 없어져서 서로 평등한 사회가 되고, 공동 생산과 공동 분배를 통해 서로 협동하며 살아가는 사회를 만들 수 있다는 거죠. 여기서 오해하기 쉬운 게 있는데, 사회주의라고 해서 모든 사유재산을 부정하는 건 아니에요. 단지 생산수단의 사유화를 인정하지 않을 뿐이지요. 생산수단이란 공업의 경우 공장이나 생산 기계 등을 말하고, 농업의 경우 토지를 말해요. 그래서 사회주의 국가에서도 주택 소유 등에 대해 어느 정도 제한이 있기는 하지만 개인이 재산을 가질 수 있어요.

사회주의의 또 다른 특징은 계획경제라는 거예요. 자본주의 국가는 시장경제 방식을 취하고 있고, 국가의 개입을 최소화하는 걸 원칙으로 해요. 그래서 기업들이 자신들이 원하는 방식으로 물건을 생산해서 자유롭게 시장에 내다 팔고 있어요. 망해도 기업이 망하고 흥해도 기업이 흥하는, 기업 간의 자유경쟁 체제라고 할 수 있지요. 반면에 사회주의 국가는 모든 생산을 국가가 계획을 세워 통제하는 방식을 취해요. 경쟁이 없기 때문에 개인이나 기업의 창의성이 발휘될 수 없는 구조라는 비판이 여기에서 나오는 거죠.

정치 면에 있어서도 정당 간의 경쟁이라는 게 없어요. 오로지 하나의 정당만이 존재하고, 간혹 다른 정당을 허용한다 해도 그런 정당은 들러리 역할 정도에 그치고 말아요. 사회주의 국가에서는 프롤레타리아 독재라는 말을 쓰는데요. 프롤레타리아가 주인이 되는 국가이기 때문에 프롤레타리아를 대표하는 정당이 모든 걸 결정하고, 인민은 그 결정에 따라야 한다는 거예요. 따라서 사회주의 국가에서는 정치 운동의 자유가 없어요. 다른 말로 하면 사상의 자유가 없다고 할 수 있지요. 그러다 보니 당 조직을 운영하는 사람들에게 모든 권력이 집중되고, 그로 인한 폐해가 결국 사회주의 국가들이 무너지는 결과를 낳았다는 평가를 받아요.

사회주의와 공산주의, 어떻게 다른가?

사회주의 국가의 정당은 보통 공산당 혹은 노동당과 같은 명칭을 써요. 북한의 경우 '조선로동당'이라는 이름을 갖고 있어요. 여기서 잠시 의문을 가질 수 있는데, 사회주의와 공산주의는 같은 건가 다른 건가, 다르다면 어떤 차이가 있는가 하는 점이에요. 일반적으로는 사회주의와 공산주의를 같은 개념으로 많이 써요. 옛 소련이나 중국, 북한 등을 흔히 공산국가라고 불렀잖아요. 하지만 엄밀한 의미에서는 그들 국가는 공산주의 국가가 아니라 사회주의 국가예요. 현재의 공산주의 이론을 만든 마르크스에 따르면 사회주의는 공산주의로 가기 위한 전 단계예요. 사회주의는 자본주의 단계를 거쳐 넘어온 사회이기 때문에 이전 사회가 지니고 있던 모순이 말끔하게 정리되지 않은 상태이며, 지식인과 노동자 계급의 차이가 존재하고, 상품과 화폐 같은 자본주의 경제의 산물이 남아 있는 상태라는 거예요. 그러다가 사회주의가 발전하고 생산력이 높아짐과 동시에 사람들의 도덕 수준도 향상되면 '모든 사람은 능력에 따라 일하고 필요에 따라 분배한다'는 원칙 아래 모든 차별이 없는 완벽한 평등사회가 되는데, 그게 공산주의 사회라는 거죠. 인간이 이룰 수 있는 가장 이상적인 사회의 모습이라고 할 수 있지만 지구상에 아직까지 그런 사회가 나타난 적은 없어요.

무너진 사회주의, 남아 있는 정신

어쨌거나 대부분의 사회주의 국가는 기존의 이념을 버리고 자본주의 국가로 돌아섰고, 남은 국가들도 자본주의의 장점을 받아들이고 있어요. 사회주의라는 거대한 실험이 실패했다고 평가를 하지요. 그렇다면 사회주의 자체가 나쁜 건가, 아니면 운영을 제대로 못 해서 실패한 건가 하는 문제가 남는데요. 사회주의의 순수한 이념, 모든 인간이 평등하게 골고루 잘살 수 있는 사회를 추구하는 정신만큼은 중요하게 받아들여야 한다는 생각이 널리 퍼져 있어요. 유럽 같은 경우 많은 나라에서 사회민주주의를 내세운 정당들이 집권하고 있는데요. 사회민주주의란 사회주의적인 가치와 정책을 지향하되, 혁명을 통한 집권이 아니라 정당들 간의 경쟁을 통해 선거로 국민의 지지를 얻는 방식을 취해요. 그래서 세금을 많이 걷는 반면 복지 정책이 발달해 있고, 계층 간의 갈등이 비교적 적은 편이에요.

자본주의 사회가 가진 가장 큰 문제점이 뭘까요? 바로 부의 편중과 소득 불평등으로 인한 빈부격차 문제예요. 그걸 바로잡기 위한 고민과 해결책을 사회주의 정신 속에서 찾고는 해요. 우리나라 역시 자본주의 국가이긴 하지만 일부 사회주의적인 정책들을 펼치기도 해요. 중요한 국가산업을 국유화한다거나 무상교육 같은 게 그런 정책의 하나라고 할 수 있어요.

===== 생각해 보기 =====

1. 대부분의 사회주의 국가가 무너지게 된 원인이 어디에 있는지 정리해서 말해 보세요.

2. 사회주의가 추구했던 정신 중에서 우리가 이어받아야 할 것들이 있다면 무엇일까요?

3. 언젠가는 완전한 평등을 실현하는 사회를 만드는 게 가능할까요? 본인의 판단과 함께 그 이유를 설명해 보세요.

21

국가

몬테비데오 협약에 따르면
국가는 항구적으로 거주하는 주민, 일정한 영토,
국가를 운영하는 정부, 다른 국가와 관계를
맺을 수 있는 능력을 가져야 한다.

【 국가 】

누가 여러분에게 "넌 대한민국이라는 나라에 태어난 걸 자랑스러워 해야 해."라고 말한다면 어떤 대답을 하게 될까요? 고개를 끄덕이는 친구도 있을 테고, 미국이나 유럽 쪽 나라에서 태어나면 더 좋았을 거라고 대답하는 친구도 있을 거예요. 하지만 이미 태어난 걸 되돌릴 수는 없으니 좋으나 싫으나 대한민국이라는 나라의 국민으로 살아갈 수밖에 없어요. 물론 이민을 가서 다른 나라 국적을 얻을 수도 있지만 대다수의 사람들은 자신이 태어난 나라를 벗어나기가 어렵잖아요. 마음에 안 들어도 그냥 적응하며 살아가는 게 최선일 거예요.

자신이 속한 국가가 없다면 어떻게 될까요? 한때 일본의 식민지였던 시절이 있었기에 책이나 영화에서 '나라 잃은 설움'에 대해 이야기하는 걸 많이 들었을 거예요. 나라를 되찾겠다고 만주 벌판에서 독립운동을 펼친 선조들의 이야기를 들으며 뭉클한 감동을 느낀 적도 있을 테고요. 그러다 보면 저절로 애국심이 생겨나기도 하죠. 그건 국가가 나에게 주는 이득이 있기 때문이에요. 그렇지 않다면 굳이 국가를 위해 충성하거나 남자들의 경우 군대에 가서 고생할 필요가 없잖아요.

빙하공화국이라는 나라가 있다고?

세계에는 다양한 형태의 국가가 있어요. 그중에 혹시 빙하공화국이라는 국가가 있다는 얘기를 들어 본 적이 있나요? 2014년에 남아메리카 남쪽 끝에 있는 파타고니아에 세운 나라인데요. 특이하게도 빙하 위에 세웠어요. 빙하공화국의 영토는 23,000제곱킬로미터로, 남아메리카 전체 빙하의 80%에 이른다고 해요. 불과 대여섯 명의 주민이 거주하지만 칠레의 수도 산티아고에 대사관을 두고 방문 희망자들에게는 여권도 발급해 준대요. 누가 왜 이런 국가를 세웠을까요? 세계적인 환경운동 단체인 그린피스의 칠레 지부 대표 아순 등이 빙하를 지킬 목적으로 세웠다는군요. 칠레의 국영 광업회사인 코델코 등이 빙하를 파괴하고 자원을 맘대로 캐내가는 걸 막기 위해서랍니다.

그렇다면 이 빙하공화국은 국제사회에서 정식 국가로 인정을 받을 수 있을까요? 국가가 성립되기 위해서는 몇 가지 조건을 갖추어야 하는데요. 흔히 국가의 3요소로 영토, 국민, 주권이 있어야 한다고 말하잖아요. 국가의 권리와 의무에 관해 규정한 몬테비데오 협약이란 게 있어요. 이 협약은 아메리카 대륙에 있는 나라의 대표들이 모여서, 만일 어떤 나라가 독립국가임을 선포하려면 어떤 조건을 지녀야 하는지를 정해서 1934년에 발표한 거예요. 국가의 성립 조건에 대한 국제적인 기준을 정한 건데요. 이에 따르면 국가는 항구적으로 거주하는 주민, 일정한 영토, 국가를 운영하는 정부, 다른 국가와 관계를 맺을 수 있는 능력을 가져야 한다고 해요. 이러한 기준에 따른다면 빙하공화국을 국가라고 하기에는 미흡한 점이 많아서 그냥 상징적인 차원에서 국가라고 선포한 것에 지나지 않는다고 봐야 해요.

국가의 다양한 형태와 국민국가

국가의 형태는 고대국가로부터 현대국가에 이르기까지 많은 변화가 있었어요. 근대 이전에는 대개 왕과 귀족이 지배하는 군주국가 형태가 대부분이었다면 근대 이후에는 국민이 주권을 행사하는 국민국가 형태를 띠고 있지요. 국민국가는 유럽의 시민혁명 이후 탄생한 국가 개념으로 민족국가라고도 해요. 하지만 하나의 국가 안에 여러 민족이 섞여 있는 경우가 많아 국민국가라는 말을 더 많이 쓰고 있어요. 국민국가는 군주의 존재를 부정하지만 영국이나 일본처럼 군주의 특권을 제한하고 헌법을 통해 국민이 주권을 행사하는 입헌군주제도 포함시키고 있어요.

최근 유럽에서는 국민국가를 강조하지 않으려는 경향이 있어요. 국민국가는 단일한 정체성을 가진 국민을 요구하게 되고, 그러다 보면 다른 정체성을 가진 국민국가들에 대한 배타성이 강화되면서 대립과 갈등을 불러오기 때문이에요. 프랑스 국민이 프랑스라는 나라에 자부심을 갖고 있다면 똑같이 독일 사람들도 독일이라는 나라에 대한 자부심을 갖고 있겠죠. 그럴 때 두 나라의 자부심이 충돌할 수도 있을 거예요. 그래서 탄생한 게 EU라고 하는 유럽연합이에요. 유럽의 여러 나라를 단일하게 묶어 일종의 공동체 국가 형태를 지향하고 있거든요. 유럽연합 안에서는 유로화라는 단일 화폐를 사용하고, 여권 없이 국경을 자유롭게 넘나들 수 있어요. 국경이라는 개념 자체를 없애 버린 거나 마찬가지인 거죠.

그에 반해 아시아 지역의 여러 나라들은 상대적으로 뒤늦게 근대적인 형태의 국가를 형성시켰기 때문에 국민의 힘을 하나로 모으는 게 중요했어요. 그래서 단일한 정체성을 바탕으로 강력한 국민국가를 만들고자 했고, 여전히 그 틀을 벗어나지 않고 있어요. 하지만 국가라는 게 고정된 형태가 아니라 시대의 필요와 요구에 따라 다른 형태를 띨 수도 있으므로 언젠가는 국민국가라는 개념을 버리게 될 날이 올 수도 있어요. 특히 민족의 이동이 활발해지고, 그에 따라 하나의 국가 안에 다양한 인종과 국적을 가진 사람들이 모여 살게 되면 자연히 국가의 성격도 변할 수밖에 없을 거예요. 아예 지구 전체의 나라를 하나로 묶어 세계 국가로 만들자는 원대한 이상을 지닌 사람들도 있으니까요.

국가가 먼저인가, 국민이 먼저인가?

국가는 강력한 힘을 지니고 있고,

1961년, 취임 연설을 하고 있는 케네디 대통령

국민은 그런 국가를 떠나서 살아가기 힘들어요. 국적이 없으면 자신을 보호해 줄 보호막이 사라지는 거나 마찬가지니까요. 그렇다면 이런 질문이 나올 수도 있을 거예요. 국가가 먼저인가 아니면 국민이 먼저인가? 혹은 국가는 국민을 위해 존재하는가 아니면 국민이 국가를 위해 존재하는가? 이에 관해서 유명한 말을 한 사람이 있어요. "국가가 나를 위해 무엇을 해줄 것인가를 묻기 전에 내가 국가를 위해 무엇을 할 것인가를 물어라."라고 한 사람인데요. 누가 한 말인지 생각나나요? 그래요. 미국의 존 F. 케네디 대통령이에요. 케네디가 대통령에 당선되고 나서 한 취임 연설의 한 대목이에요. 이 말은 국가와 국민 혹은 국가와 개인의 관계에 대해 여러 가지를 생각하게 해 주지요. 케네디 대통령의 말은 국가의 중요성을 강조한 것으로 볼 수 있는데, 그게 그리 간단치는 않아요.

국가가 없으면 국민이 없는 건 당연해요. 하지만 국민이 없으면 국가가 없다는 말도 성립할 수 있잖아요. 국민의 이익과 국가의 이익이 일치할 때도 있지만 때로는 대립하거나 충돌할 때도 많아요. 가령 고속도로를 건설한다고 할 때 개인의 땅을 국가가 강제로 매입할 수 있어요. 자신의 땅을 내 놓고 싶지 않은 사람들도 있을 텐데, 국가의 힘으로 강제하면 안 내놓을 수 없잖아요. 군대 문제도 그래요. 군대 가기 싫은 청년들도 많을 테지만 어쩔 수 없이 국가의 부름을 받아서 가야 하니까요. 이렇게 국가를 위해 자신을 희생해야 하는 경우를 따지면 무척 많아요. 그래서 헌법에도 국가의 안전 보장, 질서 유지, 공공복리 등을 위해 국민의 자유와 권리를 일정하게 제한할 수 있다고 해 놓았어요. 국민이 국가보다 우선이라는 건 인간의 존엄성을 강조하는 측면에서 당연하지만, 대부분의 인간은 기본적으로 국가의 틀 안에서 사고하고 행동할 수밖에 없어요.

국가의 역할은 어디까지인가?

국가는 국민에게 이익을 주고 국민을 보호해야 마땅해요. 하지만 그렇지 않은 경우가 있는데, 그건 국가의 문제라기보다 국가를 운영하는 권한을 위임받은 정부의 문제예요. 그래서 정부가 잘못하면 국민이 정부의 권력을 박탈하기도 하는 거지요. 옛날에는 국가의 성격을 야경국가라고 해서 국방과 치안 등을 담당하며 국민을 보호하는 역할을 하면 된다고 보았지만 현대의 국가는 거기서 나아가 국민의 이익과 행복을 가져다줄 수 있어야 한다는 쪽으로 변했어요. 그래서 나온 개념이 복지국가예요. 국가의 역할을 적극적으로 해석하면서 국민의 중요성을 앞세운 거죠. 그래서 어떤 국가를 만들 것이냐 하는 건 국민의 의사에 달려 있다고 할 수 있어요.

━━━━━ 생각해 보기 ━━━━━

1. 국가가 국민에게 주는 이익과 불이익을 정리해서 말해 보세요.

2. 국가와 국민 중에 어느 게 먼저일지 판단해 보고 그 이유와 함께 설명해 보세요.

3. 지구 전체의 나라를 하나로 묶어 세계국가로 만들 경우 좋은 점과 나쁜 점을 각각 서술해 보세요.

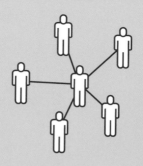

22

시민

시민에게 요구되는 건 자발성과 능동성이다.
스스로 자신의 권리를 주장하며 국가 운영의 주체로
자리매김할 수 있어야 하기 때문이다. 그래서 시민은
태어나는 게 아니라 길러지는 거라고 말한다.

【 시민 】

시민, 도시에 사는 사람?

　　　　　　　　시골에 있는 어느 학교에서 사회 시간에 선생님이 시민운동의 중요성에 대한 이야기를 하자 한 학생이 이런 질문을 하더랍니다.

　"시민운동은 도시에 사는 사람들이나 하는 거 아닌가요? 우리는 시골에 사니까 시민이 아니라 도민이나 군민이라고 해야 하잖아요."

　한자의 뜻대로만 하면 시민이 도시에 사는 사람을 가리키는 건 맞는데요. 시민단체나 시민운동이라고 할 때의 시민이라는 말은 그런 뜻과는 거리가 있어요. 역사 속에서 탄생한 개념으로 이해할 때 시민이라는 말이 지닌 뜻을 정확히 알 수 있거든요.

　시민의 개념을 알아 보기 위해 역사 여행을 떠나 봅시다. 고대 로마나 그리스의 아테네 등은 도시국가의 형태를 띠고 있었고, 그걸 폴리스(polis)라고 하잖아요. 그때 도시국가에 거주하던 사람들이 시민이었어요. 다만 모든 거주자가 시민의 권리를 지니고 있었던 건 아니고, 본토 출신의 성인 남자들에게만 해당하는 한계가 있어서 현대 사회의 시민과는 차이가 있어요. 여자들과 전쟁 과정에서 흘러들어온 외국인, 노예 등에게는 시민의 자격을 주지 않았으니까요. 시민들이 주체가 되어 민주정치를 펼치기는 했지만 역시 완전한 의미의 민주정치라고 할 수 없는 이유가 그런 데 있지요.

시민, 혁명의 중심세력

시민이 역사에 다시 등장한 건 18세기에 영국과 프랑스에서 일어난 시민혁명을 통해서였어요. 시민혁명이라는 말 자체가 시민이 중심이 되어 일으킨 혁명이라는 뜻이잖아요. 그럼 당시의 시민은 어떤 사람들이었을까요? 그전까지 국가를 지배하고 다스리던 계층은 왕과 귀족들이었어요. 국가가 자신들의 것이라고 믿었고, 그래서 프랑스의 황제 루이 14세는 "짐이 곧 국가다."라는 유명한 말을 남기기도 했어요. 그러다가 산업혁명 이후에 새로운 세력이 등장하게 돼요. 상업과 공업을 통해 재산을 축적한 그 사람들을 부르주아라고 불렀어요. 우리말로 자본가라고 하는 계층이 새로 형성된 거예요. 하지만 왕권을 중심으로 한 기존 체제 속에서는 자신들의 목소리와 정치적 권리를 내세우기 힘들었고, 그러한 모순을 깨뜨리기 위해 혁명을 일으키게 돼요. 소수에게 집중된 권력을 다수에게 돌려줌으로써 평등한 세상을 만들어야 한다는 거였어요. 마침내 혁명을 통해 봉건 왕조체제는 막을 내리고 시민이 중심이 된 근대국가가 들어설 수 있었어요.

프랑스혁명 당시에 국민의회가 '인간과 시민의 권리 선언'을 제정해서 선포했어요. 간단히 '프랑스 인권 선언'이라고도 하는데요. 이 선언의 내용은 근대 시민사회의 정치이념을 구체적이면서 명확하게 담고 있어요. 제1조에서 "인간은 자유롭고 평등한 권리를 가지고 태어나서 살아간다."라고 함으로써 자유와 평등의 가치를 가장 우선에 두었어요. 또한 제6조에서는 "모든 시민에게는 직접 또는 대표자를 통해 법의 제정에 참여할 권리가 있다."라고 해서 정치에 참여할 수 있는 시민의 권리와 법을 통한 지배를 확고히 했지요. 더불어 시민의 재산권 보장과 사상의 자유, 종교의 자유 등도 선언문 속에 들어 있어요. 이 선언에 담긴 이념은 이후 세계 여러 나라에서 헌법을 제정하는 데 큰 영향을 미치게 돼요.

이를 통해 시민은 지배받는 계층에서 스스로 정치에 참여하고 자신들의 권리를 주장하는 능동적인 계층으로 역사에 등장하게 되죠. 시민혁명 당시에는 재산을 가진 부르주아 계층을 시민이라고 불렀으나 시간이 흐르면서 점차 모든 사람들을 일컫는 말로 사용하게 되었어요. 시민혁명을 통해 시민이라는 새로운 계층이 전면에 나서게 됐지만 혁명에는 시민만 참여한 게 아니었거든요. 그 아래 계층이라고 할 수 있는 노동자와 빈민들도 함께했기에 혁명이 성공할 수 있었어요. 그들도 점차 자신들의 권리를 내세우게 되고, 자연히 시민이라는 개념 속에 그들도 포함시키지 않을 수 없게 된 거죠.

국민, 시민, 대중

　　　　　국민이라는 말과 시민이라는 말은 커다란 차이가 있어
요. 국민이라는 말은 국가에 속한 존재라는 느낌을 주잖아요. 사람은
누구나 태어나면 따로 노력하지 않아도 국민의 자격을 얻게 돼요. 하지
만 시민은 그런 소극적인 정의에 머물지 않아요. 시민에게 요구되는 건
자발성과 능동성이에요. 스스로 자신의 권리를 주장하며 국가 운영의
주체로 자리매김할 수 있어야 하는 거죠. 그래서 시민은 태어나는 게
아니라 길러지는 거라고 말할 수 있어요. 다양한 분야에서 사회운동을
하는 사람들이 국민이라는 말 대신 시민이라는 말을 주로 쓰는 이유도
거기 있는 거예요.

　요즘은 시민이라는 말과 함께 민주시민이라는 말도 많이 쓰잖아요.
깨어 있는 시민이라는 표현도 쓰고요. 민주와 시민이라는 말은 밀접한
관계가 있어요. 민주적인 의식을 지니고 있을 때 진정한 시민의 자격을
갖추게 되기 때문이에요. 그래서 요즘은 학교에서도 민주시민 교육을
강조하고 있어요. 각 개인이 국가가 시키는 대로만 움직이는 게 아니라
스스로 국가의 주인이라는 주권자 의식을 잊지 않을 때 건강한 사회를
만들 수 있으니까요.

　시민과 대중의 차이점에 대해서도 잠시 생각해 볼까요? 대중은 특별
한 목적 없이 그냥 무리 지어 있는 집단을 말해요. 그에 반해 시민은

비판적 사고와 합리적 의사 결정 능력을 가지고 있다는 점에서 대중과는 달라요. 이렇게 따지고 보니 시민이 되는 게 그리 간단한 일은 아니라는 생각이 들죠?

국가와 시민사회의 관계

시민이 모여서 사회적 활동을 하는 영역을 시민사회라고 할 때, 시민사회는 국가로부터 일정하게 독립된 영역을 지니고 있어요. 국가라는 기구는 사회를 안정시킨다는 이유로 국민에게 통제와 간섭을 하려는 경향이 강해요. 일사불란하게 한 방향으로 끌고 가기를 원하죠. 하지만 인간의 이해와 요구는 다양하잖아요. 그걸 국가가 조정하기도 하지만 그런 기능이 제대로 작동되지 않을 때가 많아요. 오히려 억압과 통제를 통해 다양한 목소리를 잠재우려 들기도 하지요. 그럴 때 시민사회의 역할이 필요해요. 시민들의 다양한 주장과 요구를 수렴해서 정부에 전달하고 정책에 반영하도록 압력을 가하는 역할을 누군가 해야 하잖아요. 그래서 시민사회는 자유로운 토론이 보장되는 자율적이면서 열린 공간으로 작동할 수 있어야 해요. 그런 힘이 모여야 국가를 국가답게 만들 수 있어요.

시민사회는 그러나 국가라는 틀 안에 있기 때문에 때로는 자신이 속한 국가의 이익을 먼저 따지는 경향도 있어요. 인류 보편의 가치와 이상보다 자국의 상황을 앞세울 수 있다는 거죠. 예를 들어 우리나라의 시민사회와 일본의 시민사회는 추구하는 가치가 서로 다를 수 있잖아요.

그런 충돌 지점을 어떻게 해소할 수 있을 것인가 하는 점에 대해 생각해 보아야 해요.

국가시민에서 세계시민으로

　　　　　　　　　그래서 시민의 개념을 확장시켜야 한다는 얘기가 나와요. '국가시민'에서 '세계시민'으로 나아갈 수 있어야 한다는 거죠. 더구나 전 지구가 하나로 묶이는 세계화 추세와 연결지어 생각해 본다면 그런 개념이 더욱 절실하게 다가오기도 해요. 시민의 개념을 그렇게 확장시켰을 때 세계를 이해하는 폭이 훨씬 넓어질 거예요.

　앞에서 국민과 시민, 시민과 대중의 차이점에 대해 살펴봤는데, 여러분은 어디에 속하고 싶은가요? 당연히 시민이 되고 싶겠죠? 그렇다면 어떤 자세를 가져야 하는지에 대해서도 알았을 거예요. 노력하는 자만이 진정한 시민이 될 수 있는 자격을 지니게 된다는 걸 잊지 말고, 민주시민 나아가 세계시민으로 자신의 정체성을 세워 나갔으면 해요.

교육청에서 만든 민주시민 교과서와 세계시민 교과서

1. 시민의 탄생 과정을 역사적 관점에서 설명해 보세요.

2. 시민이 비판의식과 민주의식을 지니고 있어야 하는 이유는 무엇일까요?

3. 세계시민이 되기 위해서 갖추어야 할 게 있다면 어떤 것들일까요?

23

개인과 사회

근대사회와 근대적 개인이 동시에 탄생했으며,
근대적 개인이란 자유의지를 지닌 존재이면서
자신의 권리를 주장할 수 있는 주체를 말한다.
따라서 신분이나 계급 같은 차이를 인정하지 않는
사회라야 그런 개인이 존재할 수 있다.

【 개인과 사회 】

어른들이 이런 말을 하는 걸 많이 들어 봤을 거예요.

"사회에 꼭 필요한 사람이 되어라."

졸업식장에 가 보면 대부분의 교장 선생님이 비슷한 내용의 축사를 하곤 하죠.

"여러분 모두 훌륭하게 자라 사회 발전에 기여하는 인재가 되기를 바랍니다."

그런 말을 들을 때마다 고개를 갸우뚱하는 친구들도 있을 텐데요. '내가 왜 사회를 위해서 살아야 하지? 나는 그냥 나대로, 내가 하고 싶은 걸 하면서 살면 안 되나?' 이런 생각을 할 수도 있겠고요. 실제로 이처럼 개인주의자로 살고 싶다는 사람이 많아요. 개인주의란 국가나 사회보다 개인의 가치를 우선하면서 자신의 개성에 맞는 삶을 살겠다는 건데요. 남에게 피해만 주지 않으면 개인주의가 나쁜 건 아니라는 견해를 가진 사람이 있는가 하면, 인간은 사회를 떠나서 살 수 없기 때문에 사회가 요구하는 가치를 받아들이고, 나아가 바람직한 사회를 만들기 위해 노력해야 한다는 사람들도 있어요. 이와 같이 개인주의는 개인을 중시하느냐, 사회 즉 공동체를 중시하느냐에 따라 받아들이는 사람들의 태도가 달라요.

복종하는 개인에서 근대적 개인으로

옛날에는 지금과 같이 자율적인 존재를 뜻하는 개인이 존재하지 않았어요. 복종하는 존재로서만 개인의 의미를 부여했거든요. 한 인간으로서의 존엄성 자체를 부정한 건 아니지만 어디까지나 군주에게 복종할 때만 시혜를 베풀듯 인간으로 대우해 왔다고 볼 수 있죠. 서양의 경우 거기에 더해 중세시대에는 신에게 복종하는 인간을 요구했고요. 정해진 질서 바깥으로 나가는 걸 용납하지 않았다고 할 수 있어요.

그러다가 르네상스 이후에 다재다능한 개성을 지닌 사람들이 등장해 문화 예술을 꽃피우면서 개인의 가치를 발견하게 돼요. 그 후 계몽시대와 전제군주 정치를 무너뜨린 시민혁명 시대를 거치면서 점차 개인의 중요성이 커졌고요. 그래서 근대적 인간 혹은 근대적 개인이라는 개념이 탄생하게 되는데요. 근대적 개인이란 자유의지를 지닌 존재이면서 자신의 권리를 주장할 수 있는 주체를 말해요. 당연히 신분이나 계급 같은 차이를 인정하지 않는 사회라야 그런 개인이 존재할 수 있어요.

근대사회와 근대적 개인이 동시에 탄생했다고 볼 수 있겠네요.

하지만 개인이라고 해서 모든 면에서 자율적인 건 아니에요. 개인의 권리를 침해해서는 안 된다는 건 모두 알고 있지만, '함부로' 침해하면 안 된다는 거지 '어떠한 경우에도' 침해할 수 없다는 뜻은 아니니까요. 그건 모든 개인이 사회라는 울타리 안에서 함께 부대끼며 살아갈 수밖에 없기 때문인데요. 그러다 보면 개인의 권리와 또 다른 개인의 권리가 충돌하는 지점이 생길 수밖에 없고, 그런 갈등을 조정하기 위해 법이나 도덕 같은 게 생겨난 거죠. 법과 도덕은 사회를 유지하기 위한 방편인데, 개인의 입장에서 보면 불편한 것들이 많아요. 하고 싶은 대로 마음껏 할 수 있는 자유를 제약하기 마련이니까요. 여기서 개인과 사회의 관계를 어떻게 볼 것인가 하는 고민이 생겨나게 돼요.

사회의 실체는 무엇일까?

사회는 개인들이 모여서 이루어진 집단이잖아요. 개인 없이는 사회가 존재할 수 없다는 말이 되는데요. 이 사회란 것이 실체가 있느냐 없느냐에 대한 논란이 있어요. 두 가지 견해가 있는데, 첫째는 사회는 단순히 개인들을 모아 놓은 집단이 아니라 그 자체로 독자적인 특성과 구조를 갖추고 있다는 입장으로, 이를 '사회실재론'이라고 해요. 개인들은 자신이 속한 사회의 영향을 벗어날 수 없고, 규제와 간섭을 받는다고 보는 거죠. 이와 달리 두 번째는 사회의 독자성을 인정하지 않고 개인의 집합체일 뿐이라는 입장으로, 이를 '사회명목론'이라고 해요. 개인이 사회보다 우위에 있고, 사회란 건 실체가 있는 게 아니라 명목상으로만 존재한다고 보는 논리예요. 두 입장의 차이점을 드러내는 예를 들어 볼게요. 어떤 사람이 범죄를 저질렀다고 했을 때, 사회실재론은 범죄를 저지르게 만든 사회구조가 있을 것이라는 쪽에 선다면 사회명목론은 그건 사회구조와 상관없이 개인의 그릇된 성품이나 판단에 의한 것일 뿐이라는 입장을 취해요. 개인이 사회에 영향을 미치느냐, 사회가 개인에게 영향을 미치느냐 하는 차이일 수도 있는데, 정확히 따지자면 서로 영향을 주고받는 관계라고 보아야 해요.

개인과 사회, 공존하는 관계

　　　　　　개인과 사회가 서로 독립된 존재인가, 개인이 사회에 종속된 존재인가에 대한 논란을 거쳐 최근에는 개인과 사회가 공존하는 관계라는 데 초점이 맞춰지고 있어요. 한국 사회와 독일 사회는 분명히 다른 특성을 지니고 있어요. 범위를 좁혀서 본다면 같은 교육과정을 운영하는 학교라도 A학교와 B학교의 분위기가 다를 수 있잖아요. 그건 구성원들이 달라서 그렇기도 하고, 그 사회가 오랫동안 형성해 온 분위기에 그 속에 속한 개인들이 영향을 받아서 그럴 수도 있을 거예요. 이렇게 본다면 양자가 서로 영향을 주고받는다는 사실을 부정할 수 없어요. 문제는 어떤 영향을 주고받을 수 있도록 하느냐를 따져 봐야겠죠.

여러분은 자신이 속한 사회가 마음에 드나요? 한국 사회라고 할 때

개인 중시 풍조를 반영하는 TV프로그램 〈나 혼자 산다〉의 홈페이지 화면

어떤 느낌이 다가오나요? 만일 한국 사회가 바람직하지 못한 방향으로 흘러가고 있다고 판단된다면 어떻게 해야 하나요? 사회는 각 개인이 모여서 움직여 가는 체계라고 할 때, 잘못된 사회는 그 사회의 구성원인 개인들이 머리를 맞대고 지혜를 모아 고쳐 가야 해요. 누구나 좋은 사회 속에서 살아 가고 싶어 하잖아요. 그러자면 개인의 책임과 의무를 생각하지 않을 수 없어요.

시민의 책임을 요구받는 개인

여기서 '자율적인 인간으로서의 개인'이라는 개념에서 나아가 '시민으로서의 개인'이 필요하다는 얘기가 나와요. 개인의 욕망을 앞세우기보다는 시민의 책임을 강조하는 입장인데요. 잘못된 사회구조를 바로잡는 힘은 민주 의식으로 각성된 개인, 참여하는 개인에게서 나온다는 거예요. 라인홀드 니버라는 사람이 『도덕적 인간과 비도덕적 사회』라는 책에서 집단이나 사회는 개인에 비해 도덕적이지 못하다고 했어요. 집단 이기주의라는 말을 들어 봤을 텐데요. 개인은 타인의 이익을 위해 자신의 이익을 희생하는 경우가 많지만 집단이나 사회는 그런 도덕적 행위보다는 집단의 이익을 추구하는 경향이 강해요. 가령 이스라엘이라는 나라에도 착한 마음을 가진 사람들이 많을 거예요. 하지만 이스라엘이라는 나라는 팔레스타인 사람들을 억압하고 수시로 전쟁을 벌이고 있잖아요. 우리나라도 집단주의가 강하다는 말을 많이 해요. 집단주의는 구성원들의 결속력을 높여서 한 방향으로 일을 추진하는 데 도움이 되는 반면 집단주의가 강력해지면 개인의 목소리가 들어설 틈이 줄어들어요. 집단을 위해 개인이 희생해야 한다는 논리가 앞서기 때문이죠.

사회를 발전시키는 개인, 개인의 성장을 돕는 사회

국가나 사회에 비해 개인의 힘은 미약해요. 그래서 정해진 질서에 순응하는 경우가 많죠. 하지만 시민으로서의 개인은 잘못된 질서에 저항할 수 있는 힘이 있어요. 그런 시민들이 모여서 사회의 도덕 기준이나 가치 기준을 새롭게 세워 낼 수 있어야 해요. 또한 사적 영역과 공적 영역을 엄격하게 구분해서 국가나 사회가 개인의 사적 영역을 함부로 침범하지 못하도록 막아야 하고요. 그래야만 개인의 자유의지와 자율성을 확보할 수 있고, 건강한 사회를 만들 수 있어요. 그런 책임을 방기했을 때 그로 인한 피해는 고스란히 개인에게 돌아가게 돼요.

개인은 사회를 발전시키고, 그런 사회 안에서 개인의 성장이 이루어지도록 하는 게 가장 바람직한 방향이 아닐까요? 히키코모리라는 일본 말이 있는데요. 사회와 단절된 채 자기 방에만 갇혀 사는 사람을 뜻하는 말이잖아요. 개인주의가 극단화한 형태로 사회 자체를 거부하는 경우인데, 그런 히키코모리가 아니라면 인간은 누구나 사회라는 틀을 벗어나서 존재할 수 없다는 건 자명한 사실이에요. 히키코모리로 살 게 아니라면 자신이 속한 사회에 대해 관심을 가져야 해요. 그게 건강한 개인, 시민으로서의 개인으로 살아가는 첫걸음이에요.

========== 생각해 보기 ==========

1. 사회실재론과 사회명목론 중 어떤 것이 개인과 사회의 관계를 잘 설명해 주고 있는지 판단해 보고 그 이유를 설명해 보세요.

2. 여러분이 생각하는 한국 사회의 장점과 단점을 말해 보세요.

3. 어떤 개인이 많아져야 바르고 건강한 사회를 만들 수 있을까요?

24

저항권

국민의 저항권을 인정하는 건 권력의 가치보다
인간의 가치를 우선하기 때문이다. 불의한 권력이 있으면
국민이 나서서 바로잡아야 하며, 그런 의미에서 저항권은
국민의 기본권을 지키기 위한 기본권이라고도 한다.

【 저항권 】

누가 나를 부당하게 억누른다면 어떻게 해야 할까요? 억울하더라도 힘이 없으니 참으면서 순응해야 할까요, 아니면 적극적으로 저항하면서 맞서 싸워야 할까요? 상황에 따라 대처 방안이 다를 수밖에 없겠으나 저항을 하기 위해서는 용기가 필요해요. 자칫하면 자신이 다칠 수도 있으니까요. 그런데 용기를 내서 싸우다 상대를 다치게 하면 그땐 또 어떻게 될까요? 폭력으로 상대에게 상해를 입혔으니 처벌을 받아야 할까요? 그런 억울한 경우를 막기 위해서 만든 법률 용어가 정당방위예요. 급박한 상황에서 자신을 지키기 위해 어쩔 수 없이 상대에게 해를 가했을 때 정당한 행위로 인정해서 처벌을 면하게 하는 거죠.

저항의 상징, 레지스탕스

개인적인 차원을 떠나 집단이나 국가 차원으로 폭을 넓혀 봅시다. 저항운동이라고 하면 레지스탕스라는 말을 떠올리는 사람들이 많을 거예요. 레지스탕스는 저항을 뜻하는 프랑스말인데, 제2차 세계대전 당시 나치의 점령에 저항하기 위해 프랑스에서 일어난 지하운동 혹은 그런 단체를 뜻해요. 그런 레지스탕스의 이름을 딴 영화제가 2018년 9월에 우리나라에서 열렸어요. 행사를 알리는 기사 하나를 봅시다.

2018년, 우리나라에서 열린 〈레지스탕스 영화제〉 포스터

4일 레지스탕스 영화제 측은 6일 개막식에서 독립운동 및 임시정부를 소재로 한 영화를 연출한 감독 3명과 출연배우 2명에게 각각 베스트 디렉터, 베스트 엑터/엑트리스상을 전달한다고 밝혔다. 이에 따르면 이준익 감독은 '박열'과 '동주'로, 최동훈 감독은 '암살'로, 김지운 감독은 '밀정'으로 베스트 디렉터상을 받는다. 이제훈은 '박열'과 '아이 캔 스피크'로, 최희서는 '박열'과 '동주'로 각각 베스트 엑터와 엑트리스상을 수상

한다. 수상자들은 개막식에 참석해 직접 트로피를 받을 예정이다.

-〈스타뉴스〉 2018년 9월 4일 자

프랑스에 레지스탕스가 있었다면 우리나라에는 일제에 저항했던 독립운동가들이 있었잖아요. 2019년이 상해 임시정부 수립 100주년이어서 그걸 기념하기 위해 레지스탕스 영화제를 열게 됐다고 해요. 빼앗긴 조국을 되찾기 위해 애썼던 선조들의 저항 정신을 되돌아보고 잊지 말자는 취지를 담고 있는 거겠죠. 우리나라뿐만 아니라 아시아와 아프리카 여러 나라에서도 식민지 상태를 벗어나기 위해 독립운동을 펼쳤어요. 그러한 저항운동은 식민지 침략 자체가 부당하기 때문에 정당한 항거라고 할 수 있어요.

식민지 치하에 있는 나라의 국민이 독립투쟁을 벌이는 건 국제법에서 이야기하는 전쟁과는 개념이 달라요. 전쟁은 두 당사국 사이에 전쟁을 할 능력이 있다는 전제가 있어야 해요. 반대로 저항은 지배를 당하고 있는 쪽에서 하는 것으로 그들 대부분은 전쟁을 할 능력이 없잖아요. 그럼에도 주권을 찾기 위해 떨쳐 일어나 맞서는 것은 저항권을 행사하는 것으로 보아야 한다는 거죠. 그래서 안중근 의사가 이토 히로부미를 쏘아죽인 건 테러나 범죄가 아니라 저항권을 행사한 정당한 의거로 평가받는 거예요.

부당한 정부에 맞서는 국민의 저항

한편 저항권은 국가 안에서 국민이 정부에 맞서는 권리로 인정되기도 해요. 만일 왕이나 대통령이 백성이나 국민을 위하는 게 아니라 정당한 권리를 박탈하고 억압하는 정책을 편다면 그에 맞서서 저항할 권리를 갖는다는 건데요. 동서양을 막론하고 폭군은 내쫓아야 한다는 인식은 늘 존재했어요. 그러한 원칙을 근대에 들어 정리한 게 존 로크의 사상이에요. 존 로크는 영국에서 명예혁명이 일어난 이듬해인 1689년에 펴낸 『통치론』을 통해 국민 저항권의 정당성을 주장했어요. 정부가 자신의 역할을 수행하지 않고 사회 구성원들의 생명과 재산, 자유를 보호하지 않으면 국민이 무력을 사용해서라도 저항할 수 있다는 논리를 내세웠거든요. 당시만 해도 군주의 권력에 도전하는 건 신성을 모독하는 죄로 여기던 시절이었음을 생각할 때 매우 급진적인 주장이었어요.

헌법과 저항권

현대에 들어와 국민의 저항권을 헌법에 명확한 조항으로 규정한 나라는 그리 많지 않아요. 저항권 자체를 명시하지 않아도 전체적인 헌법 정신에 비추어 당연한 권리로 인정하기 때문이라고 해요. 그럼에도 독일을 비롯한 몇 나라의 헌법에는 저항권 조항이 있어요. 특히 독일에서는 히틀러의 나치 시절을 겪었기 때문에 국민의 저항권을 명시

함으로써 과거의 그릇된 역사를 되풀이하지 않겠다는 다짐을 하고 있는 셈이에요.

우리나라 헌법에는 저항권을 제시한 규정이 없어요. 다만 헌법 전문(前文)에 "불의에 항거한 4·19 민주이념을 계승하고"라는 문구를 집어넣어 저항권의 근거 규정으로 삼고 있어요. 4·19는 이승만 대통령의 부정선거에 항의해서 국민이 들고 일어난 사건이고, 결국 대통령의 사임을 이끌어냈잖아요. 정부에 대항하는 국민의 대표적인 저항운동이었던 거죠. 그런 정신을 이어받겠다는 표현을 함으로써 간접적인 방식으로 저항권의 정당성을 인정한 거라고 보아야 해요. 1980년 5월에 계엄군의 만행에 대항해서 일어난 5·18 광주민주화운동이나 체육관에서 대통령을 뽑는 간접선거를 폐지하고 대통령 직선제를 이루어낸 1987년의 6월 항쟁 같은 것도 국민이 행사한 저항권의 사례예요. 이렇듯 우리 현대사 속에도 저항권을 통해 국민의 자유를 지켜낸 경험이 많이 나타나요. 최근에 있었던 촛불집회도 크게 보면 저항권을 행사한 사례라고 할 수 있겠고요.

저항권은 언제 행사할 수 있을까?

그렇다고 해서 국가 권력에 대한 모든 저항이 저항권으로 정당화되는 건 아니에요. 국가 권력에 직접 맞서는 것이기 때문에 반드시 그럴 수밖에 없는 상황과 정당한 사유가 있어야 해요. 단지 권력을 잡기 위해서라면 그건 반란이나 쿠데타에 지나지 않아요. 민주주의를 수호하고 인간의 존엄과 가치를 지켜내야 하는 상황에서만 행사할 수 있는 국민의 기본 권리예요. 다른 방법이 없을 때 최후의 수단으로서만 사용할 수 있다는 거죠.

저항권을 행사할 수 있는 상황으로 두 가지를 들 수 있어요. 첫째는 대통령 등 최고 통치자의 폭정이 이어질 때예요. 법률을 무시하고 마음대로 통치행위를 함으로써 국민의 인권이 짓밟히고 민주주의의 가치가 훼손되었을 때 저항권을 행사해서라도 폭정을 막아야 해요. 두 번째로는 누군가 불법으로 권력을 찬탈했을 때예요. 선거를 통하지 않고 군인들이 쿠데타를 일으켜 정권을 잡는 경우가 그런 예에 해당해요. 헌법의 기본 질서를 무너뜨린 거니까 국민이 그런 행위를 용납해서는 안 되는 거죠.

국민의 기본권을 지키기 위한 기본권

저항해야 하는 상황이 벌어졌을 때 어떤 방식으로 저항할 것인가 하는 점도 생각해 볼 수 있겠네요. 크게 소극적 저항과 적극적 저항으로 나눌 수 있는데요. 소극적 저항은 국가의 명령이나 권력 행사에 대한 복종을 거부하되 비폭력적인 방식으로 대응하는 거예요. 국민 동의 없이 지나치게 많거나 필요 없는 세금을 요구할 때 세금 납부를 거부하는 게 하나의 예가 될 수 있어요. 간디가 독립을 요구하며 영국 정부에 맞설 때 비폭력 저항운동을 펼친 것도 그런 예에 속할 테고요.

반면에 적극적 저항은 폭력 시위나 무기를 들고 저항하는 경우까지 포함해요. 식민지 상태를 벗어나기 위해 무장 독립투쟁을 벌이는 것뿐만 아니라 5·18 광주민주화운동 당시에 광주 시민들이 총을 들고 싸운 게 적극적 저항에 해당하는 대표적인 사례가 되겠군요.

국민의 저항권을 인정하는 건 권력의 가치보다 인간의 가치를 우선하기 때문이에요. 그래서 불의한 권력이 있으면 국민이 나서서 바로잡아야 해요. 그런 의미에서 저항권은 국민의 기본권을 지키기 위한 기본권이라는 말을 하는 사람도 있어요.

생각해 보기

1. 식민지 상태에서 저항권을 행사하려면 때로는 목숨을 걸어야 합니다. 그런 분들의 숭고한 정신과 의지가 어디에서 비롯되었는지 생각해 보세요.

2. 프랑스 레지스탕스와 우리나라 독립군의 활약상을 찾아 보고, 서로 비교해 보세요.

3. 저항권 행사를 통해 지키고자 하는 인간의 가치는 구체적으로 어떤 것들일까요?

25

제국주의와 식민지

다른 나라의 영토를 침범해서 식민지로 삼고
정치와 경제, 나아가 문화까지 지배하던 방식은 이제
더 이상 통하지 않는다. 그렇다고 해서 제국주의 시대가
끝난 것은 아니며, 자본의 힘으로 가난한 나라를 누르고
경제적 이익을 취하는 경제 제국주의 시대가 시작되었다.

【 제국주의와 식민지 】

우리나라 대표팀과 일본 대표팀이 축구 경기를 하면 꼭 따라붙곤 하는 말이 있지요.

"다른 나라는 몰라도 일본만큼은 무슨 일이 있어도 꼭 이겨야 해."

그러다 보니 우리나라 대표팀 선수들은 일본 팀과 경기를 하게 되면 다른 경기보다 훨씬 큰 부담을 안고 운동장에 들어가게 돼요. 어떻게든 일본을 꺾어 주길 바라는 국민의 염원이 어깨를 무겁게 할 테니까요. 그렇게 된 데는 일본이 우리나라를 식민지로 삼아 지배했던 과거의 역사가 있었기 때문이라는 건 누구나 알고 있는 사실이죠.

대일본제국 앞에 무릎 꿇은 대한제국

우리가 일본에게 주권을 빼앗긴

채 지내야 했던 시대를 일제강점기라고 하는데, 여기서 '일제'는 무슨 뜻일까요? 바로 '일본 제국주의'를 줄여서 부르던 말이에요. 그 당시 일본은 스스로 나라 이름을 '대일본제국'이라고 했어요. 제국이라는 말도 그렇지만 앞에 큰 대(大)까지 붙였으니 얼마나 거창한 이름입니까? 영국이 자신들의 나라를 '대영제국'이라고 했던 것과 같은 형태인데, 일본이 세계를 대상으로 야심을 펼치게 된 게 그냥 우연은 아니었다는 걸 알 수 있어요.

일본에게 나라를 빼앗기기 직전의 우리나라 이름은 무엇이었을까요? 생각해 보지도 않고 대뜸 '조선'이라고 대답하면 한국사에 대한 지식이 없다는 걸 드러내는 거예요. 외국 열강들이 너도나도 우리나라를 넘보자 고종이 나라의 위상을 높이기 위해 대한제국이라고 이름을 바꾸었어요. 그리고 임금도 왕이 아니라 황제라고 부르도록 했지요. 그게 1897년의 일이니까 일본에게 강제로 합병당한 1910년까지 만 13년 동안 사용했던 나라 이름이군요. 그렇다고 해서 이름처럼 제국에 걸맞는 힘을 가졌냐 하면 전혀 그렇지 못하다는 건 모두가 알고 있는 사실이죠. 이름보다 내용이 중요하다는 걸 여기서도 확인할 수 있어요.

자본주의 발달이 가져온 제국주의

제국이라고 하면 먼저 로마제국을 떠올리는 사람들이 많겠군요. 로마는 이탈리아 반도를 넘어 유럽은 물론 지중해 너머 페르시아와 북아프리카 지역까지 지배했던 고대 최고의 제국이었으니까요. 식민지에서 걷어 들인 세금으로 화려한 문명을 꽃피우기도 했고, 오랫동안 세계 질서를 지배했지요.

이렇듯 제국은 고대부터 존재했지만 일반적으로 제국주의라고 할 때는 산업혁명 이후 서양의 나라들이 취한 식민지 정책을 가리키는 말로 썼어요. 다른 나라들보다 먼저 산업화를 달성한 영국이 제국주의의 선두에 서게 되는데요. 산업이 발달하면서 대량으로 생산된 상품을 어딘가에 가서 팔아야 하잖아요. 동시에 상품 생산에 필요한 원료를 싼값으로 들여올 필요도 있었고요. 그러다 보니 해외로 눈을 돌리게 됐고, 힘이 약한 나라들을 무력으로 눌러서 식민지로 삼기 시작해요. 그렇게 확보한 식민지는 상품 판매지이면서 원료 생산지로 훌륭한 역할을 하게 되죠. 더구나 식민지의 값싼 노동력을 활용할 수 있으니 얼마나 좋았겠어요.

제국주의는 자본주의의 발달과 떼려야 뗄 수 없는 관계에 있어요. 자본주의가 발달할수록 상품 생산이 늘어나고 그럴수록 더 많은 식민지가 필요하게 되는 거죠. 그래서 영국은 인도를 비롯한 아시아의 몇몇 국가들과 아프리카 지역까지 진출해서 식민지로 삼았어요. 얼마나 많은 식민지를 거느렸냐면 대영제국을 일러 '해가 지지 않는 나라'라고 할 정도였으니까요. 자신들이 지배하는 영토가 그만큼 넓었다는 거예요.

제국주의가 불러온 전쟁과 식민지

식민지 확보를 위한 팽창주의는 당

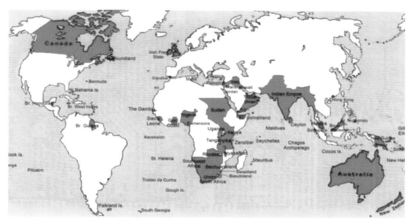

1920년대에 '해가 지지 않는 나라' 영국이 식민지로 삼았던 지역

연하게 반발을 불러올 수밖에 없어요. 우선 식민지 상태가 된 나라의 국민이 가만히 앉아서 자신들의 정치적 권리와 경제적 이익을 빼앗기려고만 하지는 않았겠지요. 다른 나라의 지배를 받으면서 살아가는 걸 반길 사람은 없잖아요. 식민지마다 유럽의 제국주의자들에 맞서 독립투쟁을 하기 시작하고, 그런 가운데 간디를 중심으로 영국에 맞서 인도의 독립투쟁을 벌인 사례는 너무 유명한 일이죠.

그뿐만 아니라 영국에 이어 산업화에 성공한 다른 유럽 나라들도 식민지로 삼을 땅을 찾아 세계를 누비게 돼요. 유럽과 북아메리카를 제외한 거의 모든 나라가 식민지 상태에 놓이게 된 거죠. 하지만 지구의 땅덩어리가 무한한 게 아니다 보니 새로운 땅을 먼저 차지하거나 식민지를 늘리려는 과정에서 서로 전쟁을 벌이기도 해요. 식민지를 확보하지 못하면 산업 경쟁에서 처지게 되니까 전쟁을 통해서라도 자국의 이익을 확보하려고 드는 거죠. 특히 뒤늦게 산업화를 이루고 통일국가를 건설한 독일의 힘이 커지자 영국을 중심으로 한 기존의 제국주의 세력에게 큰 위협이 되었어요. 이렇듯 유럽의 강대국들이 제국주의 정책을 확장시키며 대립하는 과정에서 터진 게 1914년에 발발한 제1차 세계대전이에요.

제1차 세계대전에서 패배한 독일 등 몇몇 나라들은 힘이 크게 약해졌지만 제국주의 국가들의 식민지 지배 정책은 달라지지 않았어요. 식민지 상태에 있던 약소국가들은 여전히 정치적 억압과 경제적 수탈을 당해야 했지요. 더구나 강대국 간의 이권 다툼과 전쟁에 끌려 들어가는 바람에 큰 희생을 치르기도 했고요. 이 무렵에 아시아에서 가장 먼저 서양 문물을 받아들여 산업을 발전시킨 일본도 제국주의 경쟁에 뛰어들기 시작했어요. 그 희생자가 우리나라를 비롯해 중국과 아시아 지역 나라들이었고요. 이런 흐름은 제2차 세계대전이 끝난 뒤에 식민지 국가들이 독립국가를 이루면서 막을 내리게 돼요.

제국주의 시대는 끝났는가?

하지만 식민지 지배 정책이 남긴 흔적과 상처를 극복하는 일은 쉽지 않았어요. 정치적으로는 독립을 했지만 경제적으로는 강대국들의 영향권에서 벗어나기 힘들었으니까요. 자본이 풍부한 나라와 자본이 적은 나라는 경쟁이 되지 않아요. 산업을 발전시키려면 선진국의 자본을 빌려와야 하고, 그 과정에서 선진국의 요구를 들어 줄 수밖에 없죠. 생산력과 기술력이 부족하니 선진국에서 생산한 상품들을 수입할 수밖에 없기도 하고요. 선진국들은 해외투자라는 명목으로 예전에 식민지로 삼았던 나라에 공장을 짓기도 해요. 자신들의 나라에 공장을 짓는 것보다 땅값도 싸고 노동자들의 임금도 훨씬 적게 들어가서 더 많은 이득을 얻을 수 있으니까요.

다른 나라의 영토를 침범해서 식민지로 삼고 정치와 경제, 나아가 문화까지 지배하던 방식은 이제 더 이상 통하지 않아요. 그렇다고 해서 제국주의 시대가 끝났느냐고 하면 대부분의 학자들은 그렇지 않다고 얘기해요. 직접 영토를 지배하지 않아도 얼마든지 자본의 힘으로 가난한 나라를 누르고 경제적 이익을 취할 수 있으니까요. 형태만 달리했을 뿐 여전히 제국주의 방식이 유지되고 있는 셈이에요. 유럽의 제국주의 국가들이 식민지를 포기한 건, 자신들의 침략 행위가 도덕적으로 정당하지 않은 데다 식민지에서 일어나는 독립운동을 탄압하기 어려워졌기 때문이기는 해요. 하지만 실제 이유는 직접 통치를 하지 않아도 얼마든지 다른 방법으로 지배가 가능하다고 보았기 때문이에요. 막강한 자본의 힘으로 지배와 종속의 관계를 유지할 수 있다는 자신감이 바탕에 깔려 있었던 거죠. 그래서 과거의 식민국가들이 정치적으로만 독립했을 뿐 여전히 신식민지 상태에 놓여 있다는 말도 해요.

경제 제국주의에서 문화 제국주의로

요즘은 경제 제국주의 단계를 넘어

문화 제국주의라는 말을 쓰기도 해요. 서양의 생활양식과 문화가 지금 전 세계에 퍼져 있잖아요. 우리가 즐겨 먹는 음식만 해도 서양에서 건너온 것들이 얼마나 많은지 생각해 보세요. 영화와 음악은 또 어떤가요? 〈보헤미안 랩소디〉라는 영화가 우리나라에서 흥행에 크게 성공했는데요. 거기 나오는 영국 그룹의 음악, 그리고 그걸 영화로 만든 할리우드의 힘이 얼마나 대단하지 실감할 수 있을 거예요.

이윤만 얻을 수 있다면 방법을 가리지 않는 게 자본주의의 특성이에요. 그게 제국주의라는 폭력적인 방식으로 드러났고, 지금도 형태를 바꾼 채 세계 질서를 좌우하고 있어요. 아프리카의 오지마을까지 코카콜라가 들어가고 있는 시대를 우리가 살고 있는 거죠.

==================== 생각해 보기 ====================

1. 자본주의 발달과 제국주의가 어떻게 연결되는지 정리해서 말해 보세요.

2. 식민지 지배를 통한 직접 제국주의에서 경제 제국주의로 넘어가게 된 과정을 설명해 보세요.

3. 경제 제국주의를 벗어나 약소국이 자립 경제를 이루려면 어떻게 해야 할까요?

26

전쟁

전쟁은 토지 소유에 대한 개념이 생긴 농경사회
이후에 발생했다. 부족의 인구가 늘어날수록 더 많은
토지가 필요했고, 전쟁은 영토 확장을 통해
경제적 이익을 실현하기 위한 수단이었다.

【 전쟁 】

전쟁놀이는 그냥 놀이일 뿐일까?

예전에는 어린아이들이 전쟁놀이를 많이 했어요. 적군과 아군을 갈라 나무로 만든 칼이나 총을 들고 산이나 들판을 무대 삼아 뛰어다니며 어느 편이 이기나 겨루곤 했지요. 6·25전쟁을 겪었기에 그런 전쟁놀이가 자연스러웠을 거예요. 옆의 사진처럼 팔레스타인 아이들도 전쟁놀이를 즐기는 걸 보니, 주위에서 보고 들은 경험이 많은 영향을 미친다는 걸 알 수 있네요.

모든 놀이는 즐거워요. 전쟁놀이도 재미있고 신나니까 하겠지요. 요즘은 컴퓨터가 발달한 시대이다 보니 구식 장난감 대신 컴퓨터 공간 안에서 가상으로 펼치는 전쟁게임을 즐기기도 하지요. 그런데 전쟁놀이나 게임은 정말 아무런 문제가 없을까요? 이에 대해서는 사람마다 견해가

가자 지구에서 전쟁놀이를 하고 있는 팔레스타인 어린이들

엇갈려요. 그냥 놀이일 뿐이라고 주장하는 사람도 있고, 단순한 놀이일
지라도 무의식에 영향을 미쳐 전쟁에 대해 무감각해질 수 있다고 주장
하는 사람도 있거든요. 그래서 일부에서는 전쟁놀이 장난감을 팔거나
사지 말자는 운동을 벌인 적도 있어요.

전쟁의 원인-소유 개념의 발생

전쟁이 나쁘다는 건 다 알아요. 하지만
인류의 역사는 전쟁의 역사였다고 할 만큼 전쟁이 끊이지 않았어요. 지
금도 세계 여러 곳에서 전쟁이 벌어지고 있는 중이고요. 전쟁이 나쁘다
는 걸 다 아는데도 왜 전쟁은 그치지 않고 일어나며, 전쟁이 일어나는

원인은 뭘까요? 전쟁의 형태가 다양한 만큼 원인도 한 가지로 설명하기는 어려워요. 분명한 건 전쟁은 인간만이 일으킨다는 거예요. 다른 동물들도 공격성을 지니고 있고 상대를 해치지만, 그건 전쟁과는 양상이 달라요. 동물이 다른 동물을 공격하는 건 생존을 위한 거예요. 먹이를 구하기 위해서 혹은 외부의 위협에서 자기를 보호하기 위한 행동이죠. 하지만 인간이 벌이는 전쟁은 단순히 생존만을 위한 게 아니에요. 특히 전쟁은 국가 혹은 그에 준하는 거대한 집단끼리 맞서서 벌이는 무력 투쟁이잖아요. 동물들은 그렇게 집단적으로 전쟁을 벌이는 일이 없어요.

전쟁은 언제부터 일어났을까요? 전쟁을 연구하는 학자들은 대개 농경사회 이후부터라고 얘기해요. 농사를 지으려면 일단 땅이 필요하잖아요. 여기서 소유의 개념이 생기게 되고, 그러다 보면 소유권의 충돌이 발생하는 경우가 있겠죠. 부족의 인구가 늘어나면 더 많은 땅이 필요할 테고, 땅 중에서도 농사짓기에 적합한 땅을 찾아 나서려고 할 거예요. 그런데 그런 땅을 다른 부족이 소유하고 있다면 전쟁을 통해서라도 차지하고자 했을 거라는 걸 충분히 짐작할 수 있지 않을까요? 영토 확장이라는 게 결국 경제적 이익에 관련된 거고, 전쟁이 그걸 실현하기 위한 수단이었던 셈이죠. 고대뿐만 아니라 근대 이후 현대에 이르기까지 대부분의 전쟁은 경제적 이익과 연결되어 있어요.

2003년에 미국이 이라크를 침공해서 전쟁을 일으켰어요. 후세인 독재정부를 무너뜨리기 위해서라고 했지요. 하지만 그건 겉으로 내세운 명분일 뿐이고, 실제로는 다른 목적 때문이라고 해석하는 사람들이 많아요. 첫째가 이라크의 석유 공급권을 차지하기 위해서라는 것이고, 다음으로는 미국의 거대한 군수산업을 유지하기 위해서 군수물자를 소모할 수 있는 전쟁이 필요했기 때문이라는 거죠. 이렇게 전쟁은 대체로 경제적 이익과 관련이 있어요. 아무런 이익도 생기지 않는 전쟁을 위험을 무릅쓰고 벌이기는 쉽지 않으니까요.

전쟁을 일으키기 위해
갖추어야 할 요건-목적과 찬동

물론 전쟁이 꼭 경제적 이익하고만 관련된 건 아니에요. 이념과 종교 갈등 등으로 인한 전쟁도 있으니까요. 국가 지도자의 성향이나 자신의 지지기반을 넓히기 위한 목적으로 일으키는 전쟁도 있고, 자국 안의 혼란한 정치 상황을 헤쳐가기 위해 국민의 눈길을 외부로 돌리려고 일으키는 전쟁도 있고요. 어떠한 형태든 전쟁은 바람직하지 못한 것은 분명하고, 다른 방법이 없을 때 최후로 선택해야만 해요.

전쟁을 일으키기 위해서는 두 가지 요건을 갖추어야 한다고 말한 사람이 있어요. 존 린이라는 사람이 『배틀, 전쟁의 문화사』에서 전쟁은 '목적'과 '찬동'이 필요하다고 했어요. 목적은 다른 말로 하면 대의명분이라고 할 수 있는데요. 전쟁을 일으킬 수밖에 없는 이유를 자국민이나 전쟁 상대국에 설명할 수 있어야 한다는 거죠. 전쟁의 정당성을 확보하기 위한 것으로, 그게 이루어지지 않으면 자국민이 전쟁에 나서려 하지 않을 테고, 국제적 비난도 쏟아질 거예요. 찬동은 그런 목적에 힘을 실어주는 병사나 국민이 있어야 한다는 거예요. 전쟁을 국가 지도자나 장군들만 나서서 할 수는 없으니까요. 히틀러가 무모한 전쟁을 일으킬 수 있었던 건 독일 사람들 다수가 히틀러를 지지했기 때문이에요. 독일 국민이 판단을 잘못한 거죠. 그래서 히틀러 한 사람만 비난해서 될 일이 아니라 독일 국민 전체가 반성해야 하는 이유가 거기에 있어요.

잘못된 전쟁을 막기 위해서는 그 나라 국민의 정신이 깨어 있어야 해요. 전쟁을 일으키고자 하는 세력은 거짓 목적을 만들어서 국민의 눈과 귀를 가리기도 하는 법이니까요. 앞서 말한 이라크 전쟁을 예로 들어 볼까요? 미국이 이라크를 공격하는 명분으로 삼았던 것 중의 하나로 이라크가 대량 살상 무기를 보유하고 있다는 걸 들었는데요. 전쟁이 끝난 뒤에 아무리 뒤져도 그런 게 나오지 않았어요. 거짓 정보로 전쟁의 당위성을 만들려 했던 거죠.

전쟁을 막으려면 어떻게 해야 할까?

전쟁은 크게 침략전쟁, 평화유지를 위한 전쟁, 자신의 나라를 지키거나 찾기 위한 전쟁으로 나눌 수 있어요. 여기서 문제가 되는 건 당연히 침략전쟁인데요. 침략전쟁을 막기 위해 국제사회가 노력하고는 있어요. 특히 유엔 같은 국제기구가 그런 역할을 맡고 있지요. 유엔헌장 제2조 3항에서 "모든 회원국들은 국제적 분쟁을 세계평화와 국제적 안보, 그리고 정의가 위협받지 않도록 평화적 수단에 의해 해결하여야 한다."라고 규정하고 있거든요. 그럼에도 완벽하게 전쟁을 막지는 못해요. 전쟁을 일으킨 나라에 자제 권고와 제재를 가하기도 하지만 그 나라가 듣지 않으면 어쩔 수가 없으니까요. 그리고 전쟁을 일으킨 나라는 항상 자신들의 행동이 정당하고, 그럴 수밖에 없다는 논리를 내세우곤 해요.

그렇다면 어떻게 해야 전쟁을 막을 수 있을까요? 질 페로라는 사람은 축구가 전쟁을 막을 수 있다는 얘기도 했어요. 전쟁을 막으려면 인간의 마음속에 있는 폭력에 대한 욕망을 없애야 하고, 그러기 위해서는 운동을 열심히 해야 한다는 거예요. 축구 같은 운동경기는 전쟁으로 힘을 겨루는 것보다 훨씬 재미있으면서 상대를 해치지도 않기 때문이라는 거죠. 황당한 주장일 수는 있는데, 폭력을 통해 남을 정복하려는 욕망을 없애기 위한 노력이 필요하다는 사실만큼은 깊이 새길 필요가 있지 않을까요?

======= 생각해 보기 =======

1. 인간이 전쟁을 일으키게 되는 원인에 어떤 것들이 있는지 찾아서 정리해 보세요.

2. 지금도 전쟁을 하고 있는 지역은 어디이며, 국제사회가 전쟁을 종식시키기 위해 어떤 노력을 하고 있는지 조사해서 말해 보세요.

3. 전쟁을 막기 위해 인류가 취해야 할 행동이나 조치에 어떤 것들이 있을지 생각해 보세요.

27

경쟁과 협력

잘하려고 노력하는 것과 이기려고 하는 건 다르다.
이기려고 애쓰는 것보다 잘하려고 하는 마음이 이기심을
누르고 서로 발전하는 관계를 가져올 수 있다.

【 경쟁과 협력 】

서울시교육청이 학부모들의 반대에 서울 송파구 헬리오시티 내 가락초와 해누리초·중의 혁신학교 지정을 1년간 유보하기로 하면서, 진보 교육감들의 대표 정책인 혁신학교 확대에 제동이 걸렸다. 전문가들은 경쟁일변도의 학교 교육을 극복한다는 혁신학교의 취지는 좋지만, 현재의입시 제도를 그대로 두고 '교실 안'만 바꿔서는 이 같은 논란이 계속될수밖에 없다고 지적한다.

─〈한국일보〉 2018년 12월 17일 자

기사 내용 중에 '경쟁 일변도의 학교 교육'이라는 표현이 나와요. 현재 우리나라 학교 교육이 안고 있는 문제점을 이야기할 때 많이 쓰는 표현이죠. 등수와 내신이 친구들 간의 경쟁을 부추기기 때문에 그런 부작용을 줄여야 한다는 거잖아요. 그래서 등장한 게 혁신학교인데, 기사에 나오는 것처럼 혁신학교가 학생들 간의 경쟁은 줄여 줄지 몰라도 학력을 높이는 데는 기여하지 못하거나 오히려 학력 수준을 낮출 거라는 우려를 하는 사람들도 있어요. 실제로 그런지 안 그런지는 명확하게 밝히기 어렵지만, 경쟁이 필요하다는 생각이 널리 퍼져 있다는 건 분명해요.

경쟁사회, 이겨야 산다

우리가 사는 사회를 흔히 경쟁사회라고 표현하는 걸 들어 봤을 거예요. 다른 나라에 비해 유난히 경쟁이 심하다는 얘기가 있을 정도니까요. 학교에서 교사들이 이렇게 말하는 걸 들어 본 학생들도 있을 텐데요. "학교를 떠나 사회생활을 하게 되면 더 심한 경쟁이 기다리고 있을 것이고, 따라서 경쟁을 피하려 들지 말고 익숙해지도록 해라." 실제로 대학 졸업생들이 취업을 하려면 치열한 입사 경쟁을

혁신학교 설립을 반대하는 학부모들의 시위

통과해야 하고, 취업한 이후에도 승진 경쟁이 기다리고 있으니 아주 틀린 말은 아닐 거예요.

경쟁은 이기는 걸 목표로 해요. 지기 위해서 경쟁하는 사람은 없잖아요. 하지만 경쟁을 하다 보면 낙오자나 탈락자가 생기기 마련이고, 그런 사람들은 무능력한 사람 취급을 받기도 하죠. 그렇다면 경쟁은 나쁘거나 필요 없는 것인가? 이 문제에 대해 많은 사람들이 경쟁은 어쩔 수 없는 것이라고 말을 해요. 나아가 경쟁이 있어야 노력과 창의성을 발휘할 수 있고, 그런 과정을 통해 사회가 발전한다고 주장하기도 하죠. 정말로 경쟁은 인간 사회에서 살아가기 위해 반드시 필요한 걸까요? 혹은 경쟁 심리는 인간의 본성에 속하는 걸까요?

경쟁 심리는 인간의 본성일까?

인간의 본성을 탐구하는 건 참 어려운 문제예요. 본성이라면 태어날 때부터 그런 특성을 지니고 있다는 얘기인데, 유아기에 있는 아이들에게서 경쟁 심리를 찾아 보기는 어려워요. 쌍둥이가 서로 엄마 젖을 더 먹으려고 한다고 가정할 때 그건 경쟁 심리라기보다는 생존 심리에 가깝다고 보는 게 옳을 거예요. 조금 더 자라서 친구들끼리 장난감을 가지고 놀 때 유독 친구 장난감을 탐내거나 뺏으려는 아이들이 있긴 해요. 그것 역시 경쟁 심리라기보다는 소유욕에 가깝지 않을까요? 그렇게 본다면 경쟁 심리가 인간의 본성이라고 보기에는 무리가 따라요.

그래서 경쟁 심리는 본성이 아니라 경험에 의해 학습된 결과라고 하는 편이 맞을 듯해요. 어릴 적부터 가정이나 학교에서 경쟁을 강조하는 말을 자주 듣다 보면 경쟁을 당연한 것으로 받아들이게 된다는 거죠. 그런 걸 사회화 과정이라고 하는데요. 사회에 적응하기 위해서 익히는 태도와 지식을 통틀어 말하는 거죠. '엄친아'라는 말이 있잖아요. 엄마가 자신의 아들과 친구 아들을 비교한다고 해서 생긴 말이죠. 그러다 보면 아들은 엄마 친구의 아들과 경쟁해야 한다는 압박감을 느낄 수밖에 없어요. 공부를 잘하고 싶다는 마음속에는 스스로 자신의 능력을 높이고 싶다는 것도 있겠지만 부모님을 기쁘게 해 드리고 싶다는 마음도 깔려 있을 거예요. 나아가 선생님께 칭찬받고 싶다는 욕망도 있을 테고요. 그런 게 쌓이다 보면 저절로 경쟁이라는 틀 속으로 자신을 밀어 넣게 되는 거죠.

선의의 경쟁은 문제가 없는가?

경쟁이 인간 사회에서 꼭 필요하다고 할 때 많은 사람들이 이렇게 얘기해요. "지나친 경쟁은 옳지 않다. 다만 선의의 경쟁은 필요하다." 경쟁에 부작용이 따른다는 건 대부분의 사람들이 동의하는 편이에요. 그래서 어쩔 수 없이 경쟁을 해야 한다면 '선의의 경쟁'을 해야 한다고 말하죠. 선의의 경쟁이란 과정과 기회가 공정하게 주어져야 하고, 반칙을 하면 안 된다는 내용을 포함하고 있어요. 그래서 불공정한 행위를 하면 그에 상응하는 벌을 주기도 해요. 프로

스포츠에서 승부 조작을 한 선수들이 감옥에 가거나 시험시간에 부정행위를 하면 해당 과목을 0점 처리하는 것 등이 그런 예에 속해요. 그런데 문제는 아무리 벌칙을 강화해도 근본적으로 부정을 막을 수는 없다는 데 있어요. 경쟁에는 부정한 방법을 써서라도 이겨야 한다는, 혹은 이기고 싶다는 욕망을 불러일으키는 요소가 담겨, 있기 때문이죠.

결과보다는 과정이 중요하다고 말하는 사람들도 있어요. 경쟁을 하되 승부에 집착하지 말라는 건데요. 처음에는 그런 마음으로 시작을 해도 경쟁관계 속에 들어가 있으면 그게 뜻대로 되지 않잖아요. 결과로만 판단하는 풍토 속에서 과정의 즐거움만 가지고는 충족이 안 되는 경우가 너무 많아요. 운동시합을 했을 때 "재미있었니?"라는 말보다 "그래서 몇 등 했니?", "이겼니, 졌니?"와 같은 질문이 먼저 나오는 걸 생각해 보면 될 거예요.

협력, 사회를 발전시키는 힘

경쟁이 인간 사회에서 어쩔 수 없는 일이라고 하기 전에 다른 관계를 생각해 봅시다. 경쟁과 반대편에 있는 개념으로 협력이 있어요. 인간 사회를 발전시킨 힘은 경쟁이 아니라 협력에 있다고 주장하는 사람들이 있는데요. 인간은 본래 혼자서는 아무것도 할 수 없잖아요. 원시 수렵시대에도 사냥을 하기 위해서는 동료들끼리 협력을 해야 해요. 농사 짓는 일도 그렇고요. 현대 사회도 마찬가지잖아요. 회사나 공장이 혼자의 힘으로 돌아갈 수 있을까요? 혼자 프리랜 서로 생업을 유지하는 사람들도 있지만, 따지고 보면 그들도 관련 업계에 있는 다른 누군가의 도움과 협력이 없으면 일을 할 수 없어요.

그렇다면 이렇게 말을 하는 사람도 있겠네요. 같은 집단 안에서는 서로 협력해야 하지만, 집단과 집단 간에는 경쟁을 할 수밖에 없다고요. 그리고 집단 간의 경쟁이 있기 때문에 자신이 속한 집단 속에서 서로 협력하는 계기가 마련된다는 주장도 나올 법해요. 하지만 여러 연구 결과를 보면 다른 집단이 있느냐 없느냐가 자신이 속한 집단의 협력과 그에 따른 성과를 높이는 데 별다른 영향을 미치지 못한다고 해요. 이웃 학교 학생들보다 우리 학교가 진학률이 높아야 하기 때문에 우리 학교 친구들끼리 서로 협력해서 공부를 열심히 하는 건 아니잖아요. 기업 간에도 경쟁이 아니라 자신의 기업을 잘 키워 보자는 목표가 있을 때 종업원들의 협력을 끌어내기 쉬워요. 상대기업을 무너뜨려야 한다는 식의 기업관을 가지고 있으면 상대기업의 기밀을 몰래 빼내려 든다든지 비방을 해서라도 상대기업의 신뢰도를 떨어뜨리고자 하는 잘못된 욕망을 불러일으키기도 해요. 그러다 자칫하면 둘 다 망하는 수도 있어요. 운동경기도 마찬가지예요. 지나친 승부욕은 거친 경기로 흐르게 만들 소지가 있고, 순수한 스포츠 정신을 망칠 수도 있어요. 일본 팀이 있어서 우리나라 축구 선수들의 실력이 좋아지는 건 아니잖아요. 투지를 앞세워 평소보다 열심히 뛸 뿐이죠.

잘하려는 것과 이기려는 것은 다르다

성과라는 측면에서 보면 경쟁이 그다지 효율적이지 않다는 걸 알 수 있어요. 여기서 중요하게 따져 볼 지점은 잘하려고 노력하는 것과 이기려고 하는 건 다르다는 사실이에요. 이기려고 애쓰는 것보다 잘하려고 하는 마음이 이기심을 누르고 서로 발전하는 관계를 가져올 수 있어요.

협력의 경험이 쌓여서 협력을 하면 더 좋은 성과를 내는구나 하는 결론을 얻으면 앞으로도 협력을 더 중시하는 사회를 만들 수 있을 거예요. 우리 사회에 경쟁을 중시하는 풍토가 널리 퍼져 있어서 경쟁 자체를 없애기는 쉽지 않아요. 그럼에도 경쟁을 완화시키는 방법에 대해 고민해야 하고, 경쟁이 아닌 협력이 지닌 가치를 높이 평가하는 분위기를 만들려는 노력이 필요해요.

생각해 보기

1. 경쟁사회에서는 반드시 승자와 함께 패자가 나올 수밖에 없어요. 패자를 배려하고 함께 살 수 있도록 하기 위해 사회와 국가가 어떤 역할을 해야 할까요?

2. 경쟁보다 협력이 좋다는 건 다 알고 있으면서도 협력관계보다 경쟁관계가 더욱 두드러지는 건 무엇 때문일까요?

3. 협력을 통해 좋은 성과를 얻은 경험이 있다면 어떤 경우에 그랬는지 말해 보세요.

28

환경과 생태

생태주의자들이 강조하는 건 공존과 조화이다.
다른 생물체들은 지구 환경이나 생태계를
파괴하지 않지만 인간은 자연을 마음대로 이용하면서
파괴하고 있다. 인간도 다른 생물들과 마찬가지로
자연의 흐름에 맞추어 전체 생태계와 공존하며
조화를 이루어야 한다.

【 환경과 생태 】

녹조라테와 미세먼지

　　　　녹조라테를 진짜 마실 수 있는 음료라고 생각하는 사람은 없겠죠? 강물이 오염된 상태를 이야기할 때 녹조라테 예를 많이 들다 보니 친숙한 느낌마저 들 정도예요. 물은 인간이 생존하는 데 없어서는 안 되는 가장 중요한 물질이어서 다른 무엇보다도 관심이 높을 수밖에 없어요. 강물을 정화해서 수돗물을 만들잖아요. 아무리 정화 과정을 거쳤다 해도 집에서 수돗물을 그냥 마시는 사람은 많지 않아요.

　그래도 강물 걱정은 미세먼지에 비하면 실감이 덜할 거예요. 외출할 때 마스크가 필수품인 시대가 되다시피 했으니까요. 미세먼지는 누구도 피할 수 없고, 건강에 직접 피해를 끼치잖아요. 그래서 요즘 환경과 관련해서 가장 많이 이야기되는 게 미세먼지예요.

OECD 국가 중 한국이 미세먼지로 인한 조기 사망률도 가장 높다. 세계
보건기구(WHO) 산하 국제암연구소는 미세먼지를 1등급 발암물질로 규
정하고 있다.

미세먼지는 자동차·공장·가정 등에서 사용하는 화석연료가 많아짐에
따라 인위적으로 배출된다. 중국이 빠른 속도로 산업화를 이루면서 한
국의 미세먼지 피해는 점차 늘어나고 있다.

－〈환경일보〉 2018년 11월 13일 자

위 기사의 내용처럼 미세먼지가 늘어나는 건 급격한 산업화에 따른
결과예요. 중국에서 건너온 황사를 비롯해 우리나라의 공장 굴뚝과 자

한국의 재활용업체가 필리핀에 불법으로 수출한 플라스틱 폐기물(자료: 그린피스)

동차에서 나오는 매연이 주범이라고 할 수 있지요. 그래서 선진국들은 매연이나 산업 폐기물이 많이 나오는 공장을 가난한 나라로 이전해서 자기 나라 국민의 건강을 지키려고 애를 써요. 가난한 나라의 국민은 부자 나라 국민을 위해 자신들의 건강마저 희생해야 하는 처지인 거죠. 산업화는 인간들에게 물질문명의 발전을 통해 생활의 편리를 가져 왔지만 한편으론 자연의 파괴에 따른 피해와 재앙이라는 원치 않는 선물도 동시에 안겨 주었어요.

환경운동의 중요성에 대한 깨달음

지금은 모든 사람들이 환경의 중요성을 알고 있지만 시민들이 환경 문제를 본격적으로 제기하면서 환경운동을 펼친 건 그리 오래되지 않았어요. 1982년에 한국공해문제연구소를 만든 게 시초라고 할 수 있는데, 그때만 해도 사람들이 별다른 관심을 안 보였어요. 그런 문제보다는 산업을 발전시키는 게 더 중요하다고 생각했고, 공장에서 매연이 나오는 건 당연하거나 어쩔 수 없다는 생각들이 강했죠. 지금은 환경운동 단체도 많이 생기고, 정부 부처에도 환경부가 있어서 공장을 짓거나 자연환경에 영향을 미치는 시설물들을 설치할 때는 환경영향평가라는 걸 하게 되어 있어요.

여러분도 아마 학교에서 환경보호를 주제로 한 글짓기나 그림 그리기, 캠페인 활동 같은 걸 많이 해 봤을 거예요. 그렇게 환경의 중요성을 강조하고 있으니 예전에 비해 환경이 많이 좋아졌을까요? 오히려 점점 심각해지고 있다고 여기는 사람들이 많을 듯해요. 생활의 편리를 추구할수록 환경 문제는 악화될 수밖에 없을 테니까요. 모든 공장 가동을 멈추거나 자동차를 없애지 않는 한 근본적인 해결책을 찾기는 쉽지 않겠지요. 그럼에도 문제 해결을 위한 노력을 포기할 수는 없어요.

'지속 가능한 개발'은 가능한가?

일부에서는 환경을 잘 관리하고 오염 물질을 줄일 수 있는 과학 기술이 발달하면 크게 걱정하지 않아도 된다는 주장을 내놓기도 해요. 이런 입장은 '지속 가능한 개발'이라는 개념을 만들어 내기도 했어요. 이 개념은 1987년에 '환경과 개발에 관한 세계위원회'가 발표한 보고서에 처음 등장했고, 이어서 1992년 브라질의 리우데자네이루에서 열린 국제연합 환경개발회의를 통해 널리 퍼져 나갔어요. 산업을 개발하는 것과 환경을 보호하는 일이 서로 어긋나지 않으며 상호 보완이 가능하다는 논리인데요. 미래를 매우 낙관적으로 보고 있는 셈인데, 이러한 논리에 대해 반대 입장을 가진 사람들은 당연히 비판을 가하고 있지요. '지속 가능한 개발'이라는 개념은 여전히 성장과 개발이라는 자본주의 논리에 갇혀 있으며, 환경을 인간이 지배할 수 있다는 오만한 생각을 버리지 못하고 있다는 게 비판의 핵심이에요.

환경의 중요성이 강조되면서 세계 각국에서 환경운동을 하는 단체들이 생기고, 많은 환경운동가들이 활동하고 있어요. 그중에도 그린피스(Greenpeace)라는 단체는 세계 40여 개 국에 지부를 두고 있을 정도로 세계적인 영향력을 지닌 환경운동 단체예요. 핵실험 금지, 고래잡이 금지, 남극해 보호, 기후변화 대처 등 환경과 관련한 대부분의 영역에서 활동하고 있어요. 2018년 12월 10일에는 우리나라가 필리핀에 불법 수출한 플라스틱 폐기물 5,100톤을 쌓아 놓은 사진과 영상을 공개함으로써 충격을 주기도 했어요.

환경운동의 한계와 생태주의의 등장

환경운동의 한계를 지적하며 거기서 한 발 더 나아가야 한다는 사람들도 있어요. 생태주의라고 할 수 있는 흐름인데요. 그들은 환경이라는 말 자체가 인간을 중심으로 하는 개념이라고 보고 있어요. 환경이라는 말뜻 속에는 인간을 둘러싸고 있는 자연이라는 시각이 담겨 있다는 거예요. 그래서 환경을 보호하고 관리한다는 생각을 하게 되고, 그건 결국 인간을 자연보다 우위에 두고 있다는 거죠.

생태주의는 거대 산업 중심의 생산체제를 바탕으로 하는 자본주의 문명에 대한 근본적인 반성으로부터 출발했어요. 생태주의자들이 주장하는 핵심은 인간과 자연을 대립적으로 바라보며 구분하는 태도 자체를 버려야 한다는 거예요. 생태계란 자연에 존재하는 모든 생물이 상호 관계를 맺으면서 유지되는 체계를 말하는데요. 인간도 지구 전체의 생태계에 속한 하나의 개체일 뿐이라는 거죠. 그런 인식을 갖게 되면 인간이 자연을 지배하는 게 당연하다고 여겨 온 지금까지의 사고방식이 얼마나 잘못됐는지 알 수 있잖아요. 서양에서 발전한 이성 중심, 인간 중심의 세계관에서 벗어날 것을 요구하고 있는 거죠.

생태주의자들이 강조하는 건 공존과 조화예요. 다른 생물체들은 지구 환경이나 생태계를 파괴하지 않잖아요. 오로지 인간만이 자신들의 생존을 위한다는 명목으로 자연을 마음대로 이용하면서 파괴하고 있어요. 그런 반성을 통해 인간도 다른 생물들과 마찬가지로 자연의 흐름에 맞추어 전체 생태계와 공존하며 조화를 이루어야 한다고 주장하는 거죠.

근본 생태주의와 사회 생태주의

이쯤에서 커다란 의문을 던져 볼 수 있어요. 생태주의자들 말대로 하면 모든 개발을 멈추어야 하고 지금까지 쌓아 온 물질문명을 모두 버려야 하는 거 아닌가, 그건 너무 비현실적이고 이상적인 태도 아닌가 하는 질문이 나올 수 있죠. 생태주의자들 중에서 가장 급진적인 사람들은 문명을 거부하고 자연으로 돌아가자는 주장을 하기도 해요. 인위적인 생산과 소비 활동을 혐오하며 최소의 삶을 살아야 한다는 거죠. 이런 흐름을 근본 생태주의라고 해요.

이와는 반대로 사회 생태주의를 주장하는 사람들도 있어요. 생태계 파괴에 대한 책임을 모든 인간에게 돌리면 안 된다는 거예요. 잘사는 나라와 못사는 나라, 부자와 가난한 사람 사이의 차이를 따져 보자는 건데요. 자본주의의 문제점과 그로 인한 생태계 파괴는 경쟁과 지배에서 우위를 차지하고 있는 강대국과 거대 자본으로 인해 벌어지는 현상임을 똑바로 보자는 거죠. 그래서 이러한 불평등한 사회 구조를 바로잡는 게 중요하고, 그들이 벌이는 무분별한 개발 정책을 감시하고 생태계 파괴를 막는 게 필요하다고 주장해요.

최근 들어 생태계의 위기라는 말이 많이 나오고 있는 상황, 그리고 인류의 미래가 어떻게 전개될 것인가 하는 우려 속에서 생태주의는 많은 생각거리를 던져 주고 있어요. 인간은 자연과 함께 더불어 살아가야 하는 존재라는 점은 누구도 부인할 수 없는 사실이니까요.

생각해 보기

1. 환경 파괴로 인해 자연의 재앙을 불러 온 사례를 찾아 정리해 보세요.

2. 우리나라의 환경 정책이 잘 이루어지고 있다고 생각하나요? 아니라면 어떤 점이 부족한지 이야기해 보세요.

3. 인간과 자연이 공존하기 위해 우리가 할 수 있는 일에 어떤 것들이 있을까요?

29

인터넷과 정보혁명

민주주의 사회는 평등과 다양성을 존중하는
체제를 지향한다고 할 때, 인터넷은 그런 정신을
잘 보여 주는 공간이다. 일방통행 대신 상호 소통이
이루어지는 공간인 동시에 다양한 커뮤니티를 통해
소수자들도 얼마든지 자신들만의 목소리를
낼 수 있도록 한다.

【 인터넷과 정보혁명 】

스마트폰 전성시대

"밥 먹을 때는 스마트폰 좀 손에서 놓으면 안 되겠니?"
부모님께 이런 소리를 들어 본 친구들이 많을 거예요. 학교에서 수업시간에 몰래 스마트폰을 들여다보다 걸려서 뺏기거나 혼난 경험도 있을 테고요. 스마트폰 중독이라고 할 정도로 우리 일상에서 스마트폰이 차지하는 비중이 매우 높아졌어요. 청소년들뿐만 아니라 어른들도 사정은 비슷한데요. 전철을 타고 가다 보면 하나같이 고개를 숙인 채 스마트폰 화면을 들여다보는 광경은 이제 일상이 되다시피 했거든요. 스마트폰을 손에 쥐고 있지 않으면 불안과 초조에 시달리는 사람들이 늘고 있다는 기사를 어렵지 않게 찾을 수 있을 정도예요.

손전화기로 인터넷을 할 수 있다는 건 대단한 기술의 진보라고 할 수 있겠는데요. 그만큼 우리 삶의 방식도 빠른 속도로 변해 가고 있어요. 스마트폰으로 길을 찾고, 고속버스나 열차 예매를 하고, 은행 업무를 보고, 영화를 다운받아 볼 수도 있지요. 사물 인터넷 기술이 발달하면 밖에서 스마트폰으로 세탁기를 돌리거나 보일러를 작동시킬 수도 있어요. 스마트폰 하나만 있으면 웬만한 일을 다 처리할 수 있으니, 말 그대로 스마트폰 전성시대라 할 만해요.

인터넷이 생활에 도입되면서 정보사회로 진입했다는 말을 해요. 그만큼 많은 정보가 넘쳐나고, 개인이 각종 정보에 접근하는 게 쉬워졌다는 얘기죠. 생활의 편리도 그렇지만 정보 유통의 혁신이 가져온 변화는 인류 역사를 새로 쓰게 만들고 있다는 말까지 나오게 했어요. 그래서 우리 생활에 획기적 변화를 가져 왔던 산업혁명에 이어 새로이 정보혁명 혹은 디지털 혁명 시대를 맞이하게 됐다는 평가를 하고 있어요. 혁명이란 그전까지 있었던 체제를 뒤엎고 전혀 다른 체제가 들어선다는 걸 뜻하잖아요. 정보사회로의 진입은 혁명이라는 말에 걸맞을 만큼 급격한 변화를 가져 왔어요. 워낙 빠른 속도로 변하다 보니 어지러울 정도라고 말하는 사람들도 있지요. 특히 젊은이들에 비해 인터넷에 능숙하지 못한 세대는 변화의 속도를 따라가지 못해 소외감을 느끼기도 해요.

인터넷과 민주주의의 발달

어떤 현상이든 긍정적인 면과 부정적인 면이 있을 텐데요. 정보혁명이 가져 온 긍정적인 면에는 어떤 것이 있을까요? 우선 소수에게 집중되어 있던 정보의 독점 상태를 무너뜨렸다는 걸 들 수 있어요. 예전에는 국가나 언론 같은 기구에서 일방적으로 정보를 만들고 공급해 왔다면, 인터넷 시대에는 누구나 정보 생산과 유통의 주체가 될 수 있어요. 전 세계로 연결된 네트워크를 통해 다양한 정보를 쉽게 모을 수 있고, 그걸 바탕으로 새로운 정보를 만들어서 유통시킬 수 있잖아요. 마음만 먹으면 누구나 자기가 하고 싶은 말과 전하고 싶은 정보를 인터넷을 통해 퍼뜨릴 수 있어요. 최근에 각광받고 있는 유튜브를 보더라도 일인 미디어가 대세를 이룰 정도로 큰 힘을 발휘하고 있다는 걸 알 수 있죠. 국가가 언론을 통제한다 하더라도 먹히지 않는 시대가 됐다고 볼 수 있겠는데요. 물론 중국이나 북한 같은 사회주의 국가에서는 인터넷까지 통제하고 있긴 하지만, 그만큼 인터넷의 위력을 실감하고 있기 때문이에요.

인터넷이 민주주의를 가져온 예로 흔히 2010년에 일어난 튀니지 혁명을 들어서 얘기해요. 북아프리카의 튀니지는 벤 알리 대통령이 23년간 장기집권을 하면서 부정부패를 일삼고, 국민은 높은 실업률과 물가 인상으로 인한 경제적 고통에 시달렸어요. 그러던 중 대학을 졸업하고도 일자리를 구하지 못해 노점상을 하던 스물여섯 살의 모하메드 부아지지라는 청년이 노점상 단속에 항의하며 분신자살을 했어요. 그 소식이 페이스북과 트위터를 통해 퍼지면서 분노한 시민들이 항의시위에 나선 거죠. 시위가 이어지는 동안에도 SNS를 통해 소식을 주고받고, 외국에서 튀니지 시민들을 지지하며 보내 온 메시지와 정권의 추악함을 폭로하는 내용들을 공유하면서 시위의 정당성

2010년, 인터넷의 힘으로 독재정권을 무너뜨린 튀니지 혁명

을 확인할 수 있었어요. 마침내 시민들의 거센 저항에 맞닥뜨린 벤 알리 대통령이 사우디아라비아로 망명하면서 독재 시대가 막을 내리게 돼요. 시민들을 하나로 묶어주는 역할을 했다는 점에서 인터넷이 민주주의의 발달을 가져 온다는 걸 확인할 수 있었던 사례예요.

인터넷 공간은 누구에게나 열려 있고, 대등한 관계로 소통을 할 수 있다는 장점을 지니고 있어요. 그래서 인터넷을 통해 여론을 불러일으킬 수 있고, 활발한 정보 교환과 토론을 통해 사회적 합의를 이루어내기도 해요. 민주주의 사회는 평등과 다양성을 존중하는 체제를 지향한다고 할 때, 인터넷은 그런 정신을 잘 보여 주는 공간이에요. 일방통행 대신 상호 소통이 이루어지는 공간인 동시에 다양한 커뮤니티를 통해 소수자들도 얼마든지 자신들만의 목소리를 낼 수 있으니까요.

인터넷 시대의 어두운 그림자

　　　　　　정보가 넘쳐나는 만큼 그에 따른 부작용도 만만치 않아요. 어떤 정보가 정확한 정보인지 아닌지 가려내는 게 쉽지 않으니까요. 그래서 인터넷에 떠도는 수많은 정보 중에서 자신에게 필요한 정보가 무엇이며, 그걸 어떻게 가공해서 사용할 것인가 하는 점과 함께 거짓 정보를 걸러낼 수 있는 능력이 요구돼요.

> 최근 10대들이 주로 이용하는 각종 온라인 커뮤니티 게시판엔 현 정부와 북한 정권을 엮은 가짜뉴스가 급증하고 있다. 지난달 발생한 서울 마포구 아현동 KT 화재사건 이후 관련 게시물은 더욱 늘어나는 모양새다. 해당 게시물 대부분은 화재사건을 거론하며 "간첩이 저지른 사건으로 문재인 대통령이 관련 있다."는 식의 주장을 펼쳤다. 일부는 김 위원장의 답방 논의가 현 정부가 대한민국을 공산화하기 위한 준비작업이라는 주장도 했다.
>
> 　　　　　　　　　　　　　　　　　-〈아시아경제〉 2018년 12월 22일 자

　　대화 메신저인 카카오톡 사용자는 4천만 명이 넘는다고 해요. 스마트폰을 가지고 있는 사람들 대부분이 카카오톡을 한다고 볼 수 있는데요. 카카오톡을 이용해 음란물이나 가짜뉴스를 퍼뜨리는 사례가 많다는 얘기를 들어 봤을 거예요. 최근에는 유튜브를 통해서도 가짜뉴스를 많이 퍼뜨린다는군요. 기존 언론에 대한 불신이 가짜뉴스를 생산하는

바탕이 되기도 하지만, 특정한 목적을 가지고 일부러 가짜뉴스를 만들어 퍼뜨리는 집단도 있어요. 인터넷 민주주의에 역행하는 행위인 셈인데, 그럴수록 네티즌들의 현명함이 요구된다고 할 수 있죠.

가짜뉴스 못지않게 심각한 건 개인정보가 누군가의 손에 의해 악용될 수 있다는 거예요. 교통카드를 사용하면 거기에 개인이 몇 시에 어디로 이동했는지 훤히 드러나고, 인터넷 접속을 하면 쿠키를 통해 접속기록이 모두 남아요. 내가 남에게 드러내고 싶지 않은 정보들이 어딘가에 쌓이게 된다는 거죠. 거대한 감시사회 속에서 살아가는 거나 마찬가지예요. 다른 기사 하나를 더 볼까요?

세계 최대 소셜네트워크 기업 페이스북이 또 정보유출 논란에 휩싸였습니다. 페이스북은 아마존과 마이크로소프트, 넷플릭스 등을 포함한 150여 개 기업에 페이스북 이용자에 대한 정보 접근권을 허락했다고 뉴욕타임스가 보도했습니다. 정보에 접근한 업체들은 이용자들의 메시지를 검색한 뒤 메시지를 보내는 형태로 광고에 활용한 것으로 전해졌습니다.

-〈YTN〉 2018년 12월 20일 자

이와 같은 사례는 무척 많아요. 아이폰을 생산하는 애플도 중국 시장을 겨냥해 고객 정보를 중국 쪽에 넘겼다는 비난을 받았으니까요. 그래서 개인정보 유출을 막기 위한 제도적 장치를 마련하는 동시에, 역으로 막대한 개인정보를 소유하고 있는 집단에 대한 네티즌들의 감시가 필요해요.

집단지성의 힘

인터넷 네트워크를 통한 참여와 소통은 흩어져 있는 지식과 정보를 한군데로 모아낼 수 있는 힘을 지녔어요. 그 과정에서 집단지성이 이루어지는데요. 집단지성이란 다수의 협력을 통해 얻게 된 집단의 지적 능력을 말해요. 한 사람이 가진 지식의 양보다도 많은 사람의 지식이 모이면 방대한 지식을 형성하게 되잖아요. 이를테면 위키피디아 같은 온라인 백과사전을 예로 들 수 있겠네요. 위키피디아는 누구나 자유롭게 참여해서 내용을 추가하고 보완하는 동시에 오류를 지적해서 바로잡기도 해요. 지식의 공유와 확산에 큰 역할을 하고 있는데, 인터넷이 있었기에 가능한 일이죠. 이렇게 집단지성을 이용하면 앞서 말한 가짜뉴스를 확인해서 걸러내는 역할을 할 수도 있을 거예요.

인터넷을 기반으로 한 정보혁명이 앞으로 어떤 사회를 가져 오게 될지 예측하기는 힘들어요. 분명한 건 인간이 정보 과학기술을 어떻게 사용하느냐에 달려 있을 텐데, 새로운 환경에 맞는 윤리를 만들어 가는 일이 무엇보다 중요할 거예요.

1. 인터넷이 정보혁명을 가져 왔지만 그에 따른 부작용도 많아요. 구체적으로 어떤 부작용들이 있을까요?

2. 인터넷 시대에 맞는 새로운 윤리를 만들 필요가 있다고 한다면, 어떤 내용들을 담아야 할까요?

3. 인터넷이 퍼뜨리는 가짜뉴스에 속지 않기 위해서는 어떻게 해야 할까요?

30

생명윤리

인간복제가 현실로 드러난 상황에서 어떻게든
생명윤리에 대한 기준을 정하는 사회적 합의를
이루어내야 한다. 이럴 때 무엇보다 우선되어야
할 건 인간의 존엄성을 해치지 말아야 한다는
것이고, 복제기술이 남용되지 않도록 하는
장치를 마련하는 것도 중요하다.

【 생명윤리 】

복제인간의 탄생, 축복인가 재앙인가?

　　　　　　　　　　1997년에 앤드류 니콜 감독이 만든 〈가타카〉라는 제목의 영화가 있었어요. 이 영화에는 인공수정을 통해 우월한 유전자만 가지고 태어난 인간이 등장해요. 자연적으로 태어난 인간에 비해 모든 면에서 월등한 능력을 가지고 있죠. 유전자 기술을 이용해 맞춤형 인간을 탄생시킨 거예요. 당시로서는 가상 현실을 그린 영화였지만, 20년 만에 실제로 그와 같은 일이 벌어졌어요.

　　허 젠쿠이 중국남방과기대 교수는 유전자 가위를 이용해 유전자를 교정한 쌍둥이 아기 출산을 세계 최초로 성공했다고 주장했다. 그는 에이즈 바이러스(HIV) 감염과 천연두, 콜레라 등 질병과 관련 있는 CCR5 유전자를 교정, 이들 질병에 저항성을 지닌 배아를 만들어 착상시켰다. 에이즈에 걸린 부모가 건강한 아기를 갖도록 하기 위한 불가피한 선택이었다고 주장했다.

허 교수 연구는 세계 과학기술계에 큰 충격을 줬다. 유전자 조작 기술을 어디까지 활용할지, 열성 유전자를 제거할 기준은 무엇인지 등 생명윤리에 대한 사회적 합의가 이뤄지지 않은 상태다. 과학계 불문율을 성급하게 깨버렸다.

-〈전자신문〉 2018년 12월 23일 자

생명공학 혹은 유전공학이 발전하면서 인간의 삶과 죽음, 생명의 본질 등에 대한 질문이 많이 나왔어요. 유전공학 연구의 결과로 첨단 의료 기술이 등장하면서 인간의 생명을 인위적으로

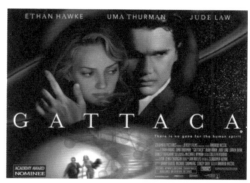

맞춤형 인간의 탄생이라는 가상현실을 그린 영화 〈가타카〉의 포스터

조작할 수 있는가, 있다면 어느 정도 범위까지 허용할 수 있는가 하는 질문들인데요. 이에 대해서는 기대와 우려가 동시에 존재해요. 기대하는 쪽은 인간이 질병으로 고통받는 현실을 줄일 수 있으며, 인류의 행복한 삶을 위해서도 관련 기술을 더욱 발전시켜야 한다고 말해요. 반면에 생명의 탄생과 죽음은 신이나 자연의 섭리에 속하는 것으로, 이를

인간이 마음대로 조정하려 들 경우 자연의 질서가 무너질 뿐만 아니라 예상치 못한 재앙이 찾아들 수 있다고 경고하고 있어요.

새로운 윤리관의 등장

이런 문제들은 기존의 윤리관만 가지고는 옳고 그름을 판단하기 어려워요. 지금까지 경험하지 못했던 상황인 데다 인류의 미래와도 연결되어 있기 때문이죠. 또한 의학뿐만 아니라 법률, 도덕, 철학, 종교 등 여러 부분에 걸쳐 있는 문제라서 합의점을 찾기가 쉽지 않아요. 인간의 생명을 대하는 과학자의 시각과 철학자나 종교인의 시각은 다를 수밖에 없잖아요. 그래서 생명에 대한 새로운 윤리 기준을 세울 필요가 있다는 문제의식이 나타나게 된 거예요. 의사들이 환자를 어떤 자세로 대할 것이냐 하는 의료윤리와는 차원이 다르고, 그보다 훨씬 본질적인 문제에 맞닿아 있어요.

생명윤리와 관련해서 현재 첨예하게 대립하고 있는 사안들은 무척 많아요. 안락사 허용 여부, 태아의 성 감별, 다른 사람의 몸을 빌리는 대리모에 의한 임신, 줄기세포를 이용하여 심장 등 인체 장기를 복제하는 문제 등이 그래요. 낙태 허용을 둘러싼 문제 역시 가톨릭 등 종교계에서 반대 목소리를 내고 있어요. 생명을 바라보는 관점이 달라서 그런 건데요. 사안 하나씩만 떼어내서 따지기 시작해도 너무 많은 논쟁점이 있어서 많은 사람들이 오랜 시간 논쟁을 해 왔음에도 여전히 평행선을 달리고 있는 상황이에요.

외국에서는 1990년대부터 생명공학의 발달에 따른 부작용을 막기 위한 법률을 제정했어요. 독일은 1990년에 '수정란 보호법'을 제정해서 다른 사람이나 태아, 사망자와 똑같은 유전정보를 가진 인공수정란을 만드는 걸 금지시켰어요. 인공수정란을 만들어 인간을 탄생시키면 인간 고유의 존엄성을 해칠 수 있기 때문이라는 이유에서였죠. 프랑스는 1994년에 '인체 존중에 관한 법률'을 제정해서 우수한 인간을 선별할 목적으로 하는 유전자 연구 및 그러한 연구를 상업적 목적으로 이용하지 못하도록 했어요.

우리나라도 '생명윤리 및 안정에 관한 법률'이 2003년 12월에 국회를 통과했어요. 이 법률의 제1조는 "이 법은 인간과 인체유래물 등을 연구하거나, 배아나 유전자 등을 취급할 때 인간의 존엄과 가치를 침해하거나 인체에 위해(危害)를 끼치는 것을 방지함으로써 생명윤리 및 안전을 확보하고 국민의 건강과 삶의 질 향상에 이바지함을 목적으로 한다."라고 되어 있어요. 구체적인 조항들은 워낙 전문적인 내용을 담고 있어 일반인들이 이해하기 어렵지만, '인간의 존엄과 가치를 침해'해서는 안 된다는 전제를 바탕에 두고 있어요.

황우석 사태가 주는 교훈

2005년에 우리나라 과학계를 발칵 뒤집어 놓은 사건이 벌어졌어요. 흔히 황우석 사태라고 이야기를 하는데요. 유전공학을 연구하던 황우석 박사가 난자의 체세포 복제를 통해 줄기세포

배양에 성공했다며 세계적인 과학지인 〈사이언스〉에 발표한 논문이 조작되었으며, 불법으로 여성들의 난자를 채취했다는 사실이 드러난 사건이에요.

> 황우석 교수의 〈나의 생명 이야기〉를 읽고 감동받아 연구를 위해 난자를 기증하기로 결심하고, 2005년 2월 미즈메디 병원에서 난자를 채취했습니다. 이후 복부 팽창과 미열, 비염 등의 증상이 있었고, 몸무게가 7kg이 줄었습니다. 질염이 한 달간 지속돼 치료를 받았고, 우울증으로 현재 직장도 그만둔 상태입니다.
>
> ─〈한겨레신문〉 2006년 4월 21일 자

이후에 난자 채취 과정에서 정확한 사용 목적을 밝히지 않았고 위험성에 대한 설명도 없었다며 난자 기증 여성들이 황우석 박사를 고소했어요. 난자는 매매해서는 안 되는데 돈을 주고받았다는 증언도 나왔고, 황우석 박사와 함께 연구하던 여성 연구원들의 난자까지 기증받았다는 사실도 밝혀졌고요. 이로 인해 황우석 박사는 생명윤리를 위반했다는 비난을 받았고, 법원에 기소되어 유죄 판결을 받았어요. 줄기세포를 통해 난치병 치료에 획기적인 전기를 마련하게 됐다는 찬사를 받았다가 한순간에 사기극이라는 소리를 들어야 했던 사건이죠. 이로 인해 과학자들이 지켜야 할 생명윤리의 중요성이 더욱 커졌어요.

욕망과 윤리의 충돌

과학과 의료 기술이 발달하면서 인간 수명 100세 시대가 다가왔다는 얘기를 많이 해요. 누구나 건강하게 오래 살고 싶어 하는 건 당연하잖아요. 이 문제는 인간의 욕망과 관련되어 있어요. 욕망 자체를 나쁘다고 볼 수는 없지만, 그것이 그릇된 방향으로 표출될 경우 심각한 문제를 불러올 수 있어요.

생명과 관련한 욕망은 세 가지 측면이 겹쳐 있어요. 어떻게든 생명을 연장시키고자 하는 일반적인 욕망과 함께 과학자들이 자신의 연구 업적을 드러내고 싶어하는 성취욕도 작용하거든요. 거기에 덧붙여 유전자 기술을 이용하여 돈을 벌고자 하는 집단도 있어요. 이 지점에서 물리학자들의 연구 성과가 원자폭탄 개발로 이어져서 수많은 사람의 목숨을 앗아갔고, 지금도 인류의 미래를 위협하고 있다는 점을 생각해 볼 필요가 있어요. 그러한 욕망들을 적절히 제어하기 위한 게 바로 윤리예요.

인간복제가 현실로 드러난 상황에서 어떻게든 생명윤리에 대한 기준을 정하는 사회적 합의를 이루어내야 해요. 이럴 때 무엇보다 우선되어야 할 건 인간의 존엄성을 해치지 말아야 한다는 것이고, 복제기술이 남용되지 않도록 하는 장치를 마련하는 것도 중요해요. 행복과 함께 고통도 인간의 몫이라고 하는 사람들의 목소리에도 귀 기울여야 하고요.

1. 생명과학과 유전공학을 인간의 존엄성을 해치지 않는 범위에서 활용해야 한다고 하는데, 인간의 존엄성이란 어떤 면을 가리키는 걸까요?

2. 과학자들은 연구만 하면 되는 걸까요? 과학자들이 갖추어야 할 윤리가 있다면 어떤 것이어야 할까요?

3. 인간복제에 대한 여러분의 판단을 말해 보고 주장의 근거를 들어 설명해 보세요.

소리 내어 읽고 싶은 정의로운 말들

인간은 부당해도, 신은 공정하다.
결국 정의가 승리한다.
−헨리 워즈워스 롱펠로우

자유는 획득하는 것보다, 간직하는 것이 더 어렵다.
−존 칼훈

만약 한 사람이 인간 최고의 사랑을 성취한다면
그것은 수백만의 사람들이 가진 미움을
해소시키는 데 충분하다.
−마하트마 간디

민주주의 최후의 보루는 깨어 있는 시민의
조직된 힘입니다.
−노무현 대통령

국민이 언제나 승리하는 것은 아닙니다.
그러나 마지막 승리자는 언제나 국민입니다.
−김대중 대통령

진리는 반드시 따르는 사람이 있고
정의는 반드시 이루어지는 때가 있다.
−도산 안창호 선생

나는 당신의 의견에 반대한다. 그러나 만일 당신이
그 의견 때문에 박해를 받는다면 나는 당신의
말할 자유를 위해 끝까지 싸울 것이다.
−에블린 비트리스 홀

국민이 통제하지 않으면
어떤 정부도 계속 좋은 일을 할 수 없다.
-토머스 제퍼슨

선거란 누구를 뽑기 위해서가 아니라
누구를 뽑지 않기 위해 투표하는 것이다.
-프랭클린 피어스 아담스

모든 국민은 자신의 수준에 맞는 정부를 가진다.
-알렉시스 드 토크빌

어둠으로 어둠을 몰아낼 수는 없습니다.
오직 빛으로만 할 수 있습니다.
증오로 증오를 몰아낼 수는 없습니다.
오직 사랑만이 그것을 할 수 있습니다.
-마틴 루터 킹

사람 위에 사람 없고 사람 밑에 사람 없다.
-우리나라 속담

자유는 누가 주는 것이 아니다.
평등이나 정의도 마찬가지다.
사람이라면, 스스로 얻는 것이다.
-말콤 엑스

모든 사람이 평등하게 태어나는 것은 아니다.
하지만 평등하게 만드는 것은 우리의 몫이다.
-에쉬튼 커쳐

페미니스트란 남성과 여성의 전적인 인간성과
평등을 인정하는 모든 사람이다.
　　　　　　　　　　　　　　　　　　-글로리아 스타이넘

여성에게 단두대에 오를 권리가 있다면 마찬가지로
연단에 올라갈 권리도 가져야 한다.
　　　　　　　　　　　　　　　　　　-올랭프 드 구즈

평화는 무력으로 유지될 수 없다.
오직 이해를 통해 유지될 수 있다.
　　　　　　　　　　　　　　　　　　-알버트 아인슈타인

가장 위대한 무기는 평화입니다.
　　　　　　　　　　　　　　　　　　-넬슨 만델라

도덕은 선의나 양심이 아닌
일종의 명령이자 인간의 의무이다.
　　　　　　　　　　　　　　　　　　-임마누엘 칸트

벌들은 협동하지 않고는 아무것도 얻지 못한다.
사람도 마찬가지다.
　　　　　　　　　　　　　　　　　　-E. 허버트

생명윤리는 연구를 못 하게 하자는 것이 아니라
연구의 위험성에 대한 판단을 과학자들에게만
맡겨서는 안 된다는 것이다.
　　　　　　　　　　　　　　　　　　-대니얼 소콜

열네 살의
정의로운 사전

1판 1쇄 찍은날 2019년 8월 7일
1판 3쇄 펴낸날 2020년 10월 23일

지은이 | 박일환
펴낸이 | 정종호
펴낸곳 | 청어람미디어(청어람e)

책임편집 | 김상기
마케팅 | 황효선
제작·관리 | 정수진
인쇄·제본 | (주)에스제이피앤비

등록 | 1998년 12월 8일 제22-1469호
주소 | 03908 서울 마포구 월드컵북로 375, 402호
이메일 | chungaram_e@naver.com
블로그 | www.chungarammedia.com
전화 | 02-3143-4006~8
팩스 | 02-3143-4003

ISBN 979-11-5871-112-2 43190

이 도서의 국립중앙도서관 출판시도서목록(CIP)은 e-CIP 홈페이지(http://www.nl.go.kr/ecip)와
국가자료공동목록시스템(http://www.nl.go.kr/kolisnet)에서 이용하실 수 있습니다.
(CIP제어번호 : CIP2019030513)

청어람 e)) 는 미래세대와 함께하는 출판과 교육을 전문으로 하는 청어람미디어의 브랜드입니다.
어린이, 청소년 그리고 청년들이 현재를 돌보고 미래를 준비할 수 있도록 즐겁게 기획하고 실천합니다.

품명: 청소년 도서 | 사용연령: 10세 이상 | 제조국명: 대한민국 | 제조년월: 2020년 10월
제조자명: 청어람미디어 | 주소: 03908 서울 마포구 월드컵북로 375, 402호
전화번호: 02-3143-4006
종이에 베이거나 긁히지 않도록 조심하세요. 책 모서리가 날카로우니 던지거나 떨어뜨리지 마세요.
KC마크는 이 제품이 공통안전기준에 적합하였음을 의미합니다.